SQ選書
05

柳宗悦・河井寛次郎・濱田庄司の

民芸なくらし

丸山茂樹
MARUYAMA SHIGEKI

社会評論社

柳宗悦・河井寛次郎・濱田庄司の民芸なくらし

柳宗悦・河井寛次郎・濱田庄司の民芸なくらし　目次

はじめに

最近の日本の社会状況は、そこかしこで好ましからざる決定が多すぎる、と思うのは私だけでしょうか。何にとって好ましからざるか。それは地球にとってであり、平和にとってであり、社会の安全や安心にとってです。

結果をだれも見通せないのに、利益優先的な、欲望に引きずられた社会的決定が、どんどんなされている時代だといえます。

大転換の時代にわれわれはさしかかり、崩壊現象に直面している。このまま放置すれば社会が持たなくなる。そう言われて何年たつでしょう。

人類史の岐路に立っているという見識が、解決力を持ちえないのはなぜでしょうか。

我欲と道連れで歩む現代社会は、先輩たちが文字通り血を流しながら築いてきた、権力をチェックする社会システムや、欲望をコントロールする機能を、過去の輝きとして簡単に手放したのです。飽衣美食の甘い夢を捨てがたく、急ブレーキをかけようにも止められず、一方向にむいて動いていています。

一方向とは、〈速く速く〉〈もっともっと〉と、自然のリズムを狂わせるほどに、物的欲望を追求する人類の、とくにこの一世紀にわたるベクトルのことです。

自然の前で祈ることしかできなかった時代は、欲望を抱いて行動しても今のように想定外の結果を招くほどの影響は存在しませんでした。たかが知れていたと言えます。それが核発電はどうでしょう。温暖化はどうでしょう。コントロール不能な事態が進行しています。

人間の欲望は文明を開くエンジンですが、残念なことに、真善美を簡単に蹴散らし、あるいは見ぬふりをして進みます。人間が、我欲の夢の虚しさを知る日も、そう遠くではないのかもしれません。


千年前に、僧源信は、「足ることを知らば貧といえども富と名づくべし、財ありとも欲多ければこれを貧と名づく」と書いていますが、欲望と理性の葛藤は人間に付きまとってきました。この古いテーマであって、しかも今を生きる生身の人間にはやはり常なる課題である〈物の富貴と心の富貴〉について、民芸の提唱者たちは特徴的な対応をしています。

軍靴の足音が高くこだましはじめた昭和の初期。戦争に血眼になり、やれ帝国だの領土拡大だのと、兵器をなでまわしている男どもがいる一方で、静かにモノをながめ、家族を愛し、人にも自分にも苦しみを与えない生活を善しとして生きる一群の男たちがいました。日本民芸運動の推進者たちです。その中心にいたのが日本民芸運動の発起者、柳宗悦《やなぎむねよし》、河井寛次郎《かわいかんじろう》、濱田庄司《はまだしょうじ》という三人です。

一九二六（大正一五）年四月、三人は連名で、〈だれもが見向きもしなかった江戸期の日用品の中に、美術品にひけを取らない美がある〉として、『日本民芸美術館設立趣意書』を発表します。独自なまなざしと洞察力で、粗雑に扱われていた雑器に美を読みとり、その美を伝えるため、収集品を公開する日本民芸館を開館しようとしたのです。

翌一九二七年には金融恐慌が起き、日本は昭和の大混乱期に突入していきます。

しかしこの『日本民芸美術館設立趣意書』は、着実にかたちになり、育ち、やがて日本民芸運動として、アジア・太平洋戦争を挟んだ約五〇年間、ときには潜み、ときには逆って、多くの日本の生活者たちをまきこんだ大ムーブメントになりました。

柳宗悦、河井寛次郎、濱田庄司が、どのようにスタートし、どう生きることで、日本全国に民芸運動が広がったのか。何ゆえに民芸が昭和の男たちを魅惑したのか。三人のリーダーたちのくらしぶりをたどりながら、三人が如何に生き抜いたか考えてみたいと思います。そこから浮かぶ姿こそが、彼らをして他に追随を許さない高みにまで彼らを導いたものに他ならないからです。

凡例

《……》の部分は、三人の書き遺した文章などから文意抜粋で筆者が転載した箇所です。

〈……〉「……」の箇所は、同じ資料から筆者がアレンジして書いたものです。

なお、ご希望の方に、著者が編集した《日本民芸運動の年譜》を、エクセルファイル（350kb）でプレゼントいたします。柳宗悦、河井寛次郎、濱田庄司、バーナード・リーチ、富本憲吉、その他周辺人物などの年譜を、年月別に併記して一覧表に組みあげたものです。

ご希望の方は、maruyamasigeki@gmail.com までメールでお申し込みください。後日メールに添付して送らせていただきます。二〇一六年三月三一日まで対応致します。

I　民芸の原野

三本の大樹

柳宗悦は次のように言います。
《私たちの求めている人は、美の見える人である。いくら理論的に優れていても、美の見えぬ人では、肝腎の処でくい違いができて面白くない。知る人の方が多く、見える人が少ないのは残念である。だがどこかにいい人が匿れている気がしてならない。そういう人にうんと働いて貰わないと、世の中の方向が妙な風に進んでしまう》
美が見える経済人、美が見える科学者、美が見える政治家、美が見えるサラリーマン。世の中が妙な方向にならないために、専門バカでない、別途の価値も理解できる、いわば複眼をもった人間が望ましいのは現代も同じです。
日本人の価値基準がお金だけになった、といわれてもうかなり経ちます。何でも金銭価値に置き換えて、信頼したり愛情の確認をしたりする。だが欲に眼が曇ると、正しい情報が入ってきません。正しい情報がないと言うことは、正しい判断ができないということです。

世の中が変わったから自分も欲深くならざるを得ない、と言うのではなく、せめてあなただけは、美が見える複眼的人間をめざしてはいかがでしょう。

《美しいモノを身近くに置くということは、尊敬すべき先生や仲間と一緒に暮すようなものである。その美にあやかって、心の美しい人間にならなければならないし、自分を清め、自分を深める必要がある。その恩返しにちゃんと仕事をしなければすまぬ》

柳《やなぎ》宗悦《むねよし》、河井寛次郎《かわいかんじろう》、濱田庄司《はまだしょうじ》の三人が同じことを言っています。

モノは何も言いませんが、ちゃんと向き合えば示唆や暗示をくれる不思議なところがあります。自然が人間に密意を語る、というのと似ています。自然やモノは、猥雑な人間関係の苦労の中で普段忘れていることを感じさせ、別の価値を思い出させてくれます。自分のセンス・オブ・ワンダーを再発見するのです。すると瑣末な日常が自分の中から後退していきます。物言わぬモノに、他者との軋轢に病んでいた自分が、いつか回復させてもらっているのに気付き、そこに自然やモノの意義を見るのです。

あるところに偶然芽吹いた三本の若木がありました。

なにかと気のあった三本の若木は、朽ち葉に固められた暗い場所に、一筋の水脈があるのを、思いがけず知ります。それは、いろいろな木々が立っている場所から少し離れた、古い土地に打ち捨てられていた水脈でした。有名な樹木が〈下手〉と呼んで、栄養にならないと根を伸ばそうとしなかった場所です。

でも三本の若木は、そこに何やらいい感触を得て、自分たちの根を伸ばしてみたのです。そしてその水脈に、祖先たちの健康を守っていた素晴らしい滋養分が潜んでいることを発見しました。

三本の若木は、自分たちが発見した水脈から、ほかの木々が知らない別の滋養分をくみ上げ、すくすくと育っていきました。かれらに適合した滋養分は、いつか全身にめぐり、他の木と違った芳香を樹体から放つようになります。そして、周囲が驚くようなかぐわしい香気につつまれた、三本の大樹が成長したのです。

三本の大樹は、同じ気候の同じ場所で、同じような滋養分をくみ上げて育ちましたが、長ずるにつけその姿は、それぞれに見所を持った立派な枝ぶりになるのでした。

気がつくと、あたりからは他の種類の樹木は姿を消していました。

自分たち三本だけが、広い草原に枝を張りそよ風をうけて、すくとそびえている景観を作っていたのです。

遠目には、その三本は一つにより合わさって、一本の巨大木のように見えました。

でも近寄ってみると、互いの成長を妨げない距離を保っています。多くの鳥や虫や草花が、緑陰や新しいくらしを求めて、そこに集まってくるようになります。

自分の枝にとまった小鳥が何かを尋ねると、「私はこう思うが、あちらの木にも尋ねてみるといいよ」と、かならず他の二本を紹介したりするのです。

しかもその三本の大樹は、風がもたらす情報に敏感でした。何に対しても興味をもち、きっとおもしろいに違いないと言って、枝をさらに広げて確かめようとします。見聞を広めることに欲張りで、たがいを笑顔で見守りながら、ともに支えあって歳を重ねて行きました。そして、ついに並ぶモノがないほどの巨樹に成長していったのです。

この大樹とは、思想家の柳宗悦、陶芸家の河井寛次郎と同じく濱田庄司の三人です。


一八八九（明治二二）年生まれの柳宗悦。一八九〇年生まれの河井寛次郎。一八九四年生まれの濱田庄司。かれらが少年から青年へと育った明治末期から大正の初めにかけての日本は、日本史のうえでも特異な一時期です。

一八九五（明治二八）年の日清戦争、一九〇五年の日露戦争、一九一五年の第一次世界大戦。これら一〇年おきに味わう戦勝国気分が、日本人を錯覚させはじめていました。

戦争景気のにわか成金に代表される金権、拝金主義がはびこり、対外的に自己規制を失って軍備を増強し、いつか世界と対決していく方向をたどりはじめます。そのうえ、急速な工業化で、伝統的なくらしが大きく揺らぎ、機械文明のもたらすものへの漠とした不安が漂っていました。

そうしたハードパワーと金が支配する世の中へのアンチテーゼをもとめて、三人は育ったようです。

柳宗悦は、一九〇八（明治四一）年、学習院高等科一年の時、『聖なる勇士』という一文を『学習院輔仁会雑誌』七五号に発表しました。

《外界の敵の殺戮を人びとは誇りと考え、巨額の黄金と高貴なる位爵によってほめ称えているが、なんと哀れむべきこと、卑しむべきことか。憎むべき内界の敵を征服することこそ真の名誉である。黄金のために、名声のために、他人と争うものは禍でしかない。内なる敵にむかって宣戦する、聖なる勇士であるべきだ》

一九歳の柳宗悦が投稿したこの内容が、学習院を揺るがしました。

「見えざる戦士たらん、なぞと呼びかけるあたりは、天邪鬼《あまのじゃく》としか思えない。ロシアと戦った死傷者をなんと思っているのか、あの論調はまるで非国民だ」

軍国主義一色に染まった教授連の反感をかい、職員会議で退学処分の方針となります。

それを押しとどめてくれたのは、のちに『善の研究』を書く西田幾多郎教授でした。緊急職員会議は紛糾しましたが、結局院長の乃木希典から厳重注意処分ということで収まったのです。

柳宗悦は一九一〇年三月、学習院高等学科を首席で卒業し、東大にすすみます。

そのころ東京府立一中に通っていた濱田庄司は、母を亡くし、進路に悩んでいました。

絵がすきだった少年濱田は、本気で絵描きになりたいと思っていたようです。でも父親は、濱田の母の願いだった、一高から東大に進んで医者になる道を執拗に説諭しました。

少年濱田の答えはこうでした。

「忙しいのは苦手だよ。ゆっくりしていないと大事なことを見過ごす気がするよ」

写生に出かけることをこよなく愛していた濱田は、忙しすぎる現実が人生を平板なものに変えてしまう予感を、小さい頃から抱いていたようです。人生を十分味わうためには、向き合っている対象の力に負けないエネルギーをいつも自分にためていたい、と子供心に考えていました。そういう意味では充分に画家的だったのです。

濱田は一六歳の夏、一高から東大へ進むことを強く勧める教師たちの指導も振り切って、陶工の道に進むため、蔵前にあった東京高等工業学校（現東京工業大学）窯業科への進学を決意します。その理由は、「かりに立派なものを生み出せなくても、やきものは誰かに使ってもらえるだけで充分に喜びがあるのではないだろうか」ということでした。

きれいで、そして役に立つ、そんな生活の道具を作る。しかもやきものなら、釉薬《ゆうやく》や絵付けを、絵を描くのと似た気分でやれそうだ。濱田庄司は、やきもので社会に役立つという一途な決意を、八四歳で亡くなるまで貫き通しました。

河井寛次郎もまた、島根県立第一中学校時代から優秀な学生として、周囲の期待を集めていました。柔道、ボート、野球と万能選手で、また文筆と弁論にも長けていたと語られています。卒業時には、優等賞と高専無試験入学資格とを与えられた俊英ぶりでした。

まわりの期待も大きく、やがて政治家か外交官にでもなるだろうと、学友のだれもが思っていたようです。その河井が、やきものを志すという情報は、周囲を驚かせました。

濱田庄司より三年早く東京高等工業学校窯業科に入学した河井は、ひとりやきものを目指していたため、異色の存在でした。明治の富国強兵の熱気の中で創設された蔵前の工業学校は、技術者養成を目的としていました。ですから入学してくる学生も、会社の幹部技師になることを目標にしている者が多かったわけです。

濱田庄司と河井寛次郎は、変わり者同士として、この蔵前の東京高等工業学校窯業科で出会うことになります。

かれらの少年青年期を、数行で語ることはできません。しかし残された資料から見る限り、軍国主義、拝金主義とは遠く離れたところから、かれらがスタートをきったのは間違いないようです。その意味で、時代がかれらに、独自の視点としての民芸への開眼を指名したのかもしれません。

今でいう偏差値も高く、秀才のかれらに、教師たちは当たり前の立身出世の将来を期待しました。でもかれらは、功利的な発想ではなく、心の声のままに自分の進路を選択します。それは苦闘の予感がつきまとう道でした。仲間が歩んでいく方向とは違う道を選んだ自分に、何やら周囲とは違う不穏な性向を感じたこともあったでしょう。だけど三人は、お金や権威にしか興味をいだかない人たちからきわめて遠い、金よりは生活の質を問う地平に、若くして立ったのです。

そもそもの民芸

普段使いの品と言うと、みなさんは何を思い浮かべますか。最近ならスマホやタブレットになるでしょうか。一日さりげなく使って、自分のくらしを維持しているものが普段使いの日用品です。

今からおよそ九〇年前、一九二四（大正一三）年に、柳・河井・濱田の三人が、江戸時代につくられた普段使いの品々に、美しさがあると言い出したのが、民芸のはじまりです。

三人は瀟洒な骨董店ではなく、古道具市のがらくたの山から気に入ったものを片っぱしから買いあさりました。そして下手物《げてもの》とさげすまれていたものに、民衆的工芸品という言葉を思いつき、〈民芸〉という呼び名を与えたのです。

現代を生きる我われが、およそ百年前の大正時代をイメージすると、身の回りのものにも極めておおきい隔たりを感じますが、柳、河井、濱田の三人は、大正時代からさらに数百年前の品々に魅入られました。

最初は蕎麦猪口《そばちょこ》や行灯皿《あんどんざら》や、台所の甕や鉢などの陶器から集めはじめました。やがて布物とか、竹を編んだ編組品《へんそ》や、木工、漆器類、金工品などに広がって行きます。

それらは見せるためのモノでなく、用いることを使命に作られた品々でした。

やがて次第に、それらがなぜ美しいかということを考えはじめます。そして次のような特徴を見つけました。それが今も民芸の定義として語られるコンセプトです。

《民芸品は、鑑賞するために造られた美術品ではない。名もなき職人が手作りで作っている量産品である。民衆の誰もが買える価格帯で、民衆の日常に奉仕する、実用的で使いやすい物だ。それらには過剰な作為がなく、健やかな美しさがある。地方の風土に根ざした天然素材からできたそれらの美しさは〈用の美〉と言える》

無名性、量産性、安価性、協業性、地方性、庶民生活に交わる品、用の美、天然素材。

柳宗悦は、こうしたキーワードの発見にいたる経緯を、次のように語っています。

《もともとは、民衆的作品だから美しい、と考えを先に立てて品物を集めたのではない。美しいとただ見たというのが実状だ。美しいと思ったものが、民衆的な性質を持つ実用品なのに気づき、総称する名がないので、仮に民芸と言ったまでである》

下手物とさげすまれていた品々は、値は安く、三〇歳そこその若者にも、大量に買えたようです。

ただし確認しておかなければいけないのは、これらのキーワードは、今から二、三百年前の実用品にあった共通点であるというポイントです。

それゆえ、現代の新作が右の定義に当て嵌まるからと言って、出来た品があまねく民芸美をもつ、と言うことにはなりません。三人は、共通点が備わっていれば、出来たモノがすべて美しい民芸品として必ず成り立つ、と言うような十分条件的説明を、民芸の特徴を定義することにおいて為しているのでないのです。

このところの誤解が、民芸についてのややこしい議論を今日生んでいる元になるのですが、一世紀前はまだそうした日用雑器が実生活の周辺に散見でき、三人が示したキーワードをすなおに実感できた時代でした。ところが現在は、三人が民芸美を見出した約百年前とはすっかり生活が変わって、三人と私たちとの日常感覚のくい違いは否めません。

最終章で、混迷する民芸議論について触れますが、本書ではそれを主テーマにはしません。民芸運動のリーダーと呼ばれた三人の、実践生活をもっぱら観ようと思っています。

三人が民芸美に何を読みとって、人生にどう活かしたか、それが私の知りたい処です。


三人の心は、下手物の山をまえに、古き時代の日々のくらしにさかのぼりました。目の前のモノから作り手の姿を想像し、人間の営みを想い、往時の職人の心に寄り添ったのでした。手仕事しかなかった時代の、モノを仲立ちにした作り手と使い手の、誠実と信頼に染められた関係を、三人は民衆的工芸品から見て取ったのです。そして三人は、過去の品々に民衆のくらしを整えた徳が具わっていると観じ、そうした徳の姿を学んでいくのです。

下手物は、確かな道しるべであり、彼らが歩むための星座のようなものでした。

実作者の河井と濱田は、当初、そういう美を作りたいと思って集めていたわけです。

そんな三人は奇人扱いされました。日用品と美とを関連させるのは、神聖な美への冒瀆だと受け止められ、普通の職人に美など生めるわけがない、と嘲笑されました。

それでも世間の白い目にたじろぐことはありません。よく見てみなさいよ、美しいじゃないですか、と繰り返し提起していきます。

その不屈の精神が、民芸の〝民〟の文字に潜んでいます。

下手物を美的対象として扱う眼差しは、お仕着せの見方に縛られない、という姿勢があればこそです。三人の気概と価値観を示しているこの自由な立ち位置こそが、民芸が現代的な意味を持つところであり、私が民芸に惹かれる点でもあります。


明治維新以来、やきものは、金工や漆器とならんで殖産興業の柱でした。お茶や生糸につぐ外貨獲得産業として、世界に通じる工芸品にそだてることに国の威信がかけられていました。

当時の工芸家は、意匠を応用してモノを作る職人と扱われ、工芸品が美術品として扱われることはなかったのです。そのため工芸家たちは、作品が絵画や彫刻のように純粋美術として認められることを望んでいました。鑑賞性のある技巧をこらした作品に執着していたのです。

でも三人は、使うモノより飾られるモノになりたがる当時の工芸界の動きに違和感を感じ、そんな見世物細工のような品に興味を持ちませんでした。

それともう一つ、文明開化以来の機械化の波が、日本人の手仕事を撲滅させる勢いで広がっていることへの、漠とした不安もあったようです。

民芸という概念は、そうした時代の流れに抗するものとして、生まれてきたものでもあるのです。

そもそもの民芸を考える上であと一つ忘れられないのは、三人が楽しんだ転用の遊びです。昭和の初期には、下手物たちは時代遅れな役立たずになっていたのですが、三人はそれらを都会の文化生活のなかに持ち込みました。飾るだけではなく実際に使ったのです。ただしその使い方がユニークでした。そのまま使うだけではなく、自らのくらしに合わせて使おうとしました。蕎麦猪口を紅茶茶碗に使ったり、古い壺を傘立てにしたり、木臼を裏返してテーブルにしたり。本来の用途ではすでに時代遅れな品々を、太陽のもとに引き出して、自由なセンスで転用し、くらしを大いに楽しみました。

柳は、〈古きを守るも開発なり〉〈流行を追いかけても、新しさは間もなく古くなる。新旧のないものこそ常に新しい〉と言いましたが、民芸は、リサイクルやリユースのさきがけとして、昔の雑器の活用や転用からはじまったともいえるのです。

古来の品をカッコよく楽しく使うというその行為は、三人の眼による新たな価値の創造でした。新たな価値は斬新な希望を人々に抱かせ、新時代の生活思想として広がりを持ってゆくのです。

柳だけが民芸ではない

民芸美の発見は、モノからはじまりました。ところが、日本民芸運動の言論活動を担当した柳宗悦が、美と人間のかかわりに深く分け入っていき、民芸美が宗教の世界と通底していると提起しました。モノ単一ではなくて、モノと心がセットで語られたのです。

民芸運動は、そもそもが昭和初期の日本社会に向けてのキャンペーンで、実践への呼びかけでした。それが二〇年もたつと、柳が書いた〈民芸論〉の解釈論議になり、学問のようになって、実生活から遊離してきた側面があります。

民芸を分かりやすく説明しようとした柳の論述の多さが、民芸運動のすそ野をひろげた大きい要因ですが、思想家で宗教学者の柳宗悦の書いたモノは、一方でレトリックの過剰があり、民芸を分からなくさせている背景にもなっています。

気をつけなければいけないことは、そもそもが、民芸は柳によって発見されたのではないと言うことです。

濱田庄司、河井寛次郎、柳宗悦の出会いがあって、その三人が、だれも見向きもしなかった下手物にひかれて、〈面白い〉とノリで買い集めているうちに、下手物の美に一定の共通項を見出し、民芸という網をかぶせた。この点が大事で、その後の柳宗悦による百万言をついやした論述は、文筆家による後付け説明の側面があるのです。

柳宗悦、河井寛次郎、濱田庄司にまつわる三冊の伝記小説を書いている最中に、私がずっと思っていたのは、民芸運動というのはなぜ柳宗悦だけが牽引したように語られるのだろうかということでした。

柳は、一九四一（昭和一六）年に、『民芸とは何か』を上梓しています。柳に言わせると、《今までに民芸に関して書いたものの中、一番秩序だった論篇であり、民芸学概論の役割をもつ》という著作でした。

そして一九五八（昭和三三）年、亡くなる三年前に『改めて民芸について』を書き、その中で言っています。

《民芸という言葉は、かりに設けた言葉にすぎない。これに縛られては自由をうしなう。自由をうしなっては、民芸さえ見失うに至るであろう。民芸という考えの奴隷となってはいけない》

さらに一九五九（昭和三四）年の『三度民芸について』では、

《民芸になりきったら民芸などという看板を一々掲げる必要はあるまい。そんなものをぶら下げて歩くのは、未だ民芸になりきっていない証拠でもあろう》

よほど気がかりなことがあったのか、晩年になって〈民芸について〉を二度も書き接いでいます。しかも、かなり論調が変化してくるのです。

ここにこそ、柳だけで民芸を語ってはいけない、証左が隠されています。

柳宗悦は、あきらかに河井寛次郎、濱田庄司の風を受けて、思索を深めていたのです。

結ばれた志し

三人は五歳幅の年齢差の中にいます。三人が最初に揃ったのは、一九二四（大正一三）年の春です。柳が三五歳、河井三四歳、濱田三〇歳の時でした。場所は、京都吉田山にあった柳宗悦宅の座敷です。

濱田庄司は一九一九年に、バーナード・リーチを介して柳宗悦とは知りあっていましたが、柳と河井の間には、その日が来るまでに超えるべき深い溝ができていました。

濱田と河井寛次郎は、東京高等工業学校の先輩後輩として、さらに就職先の京都陶磁器試験場の同僚として、兄弟以上に近しくつきあう仲でした。

濱田は、京都陶磁器試験場で働きながら、そこを起点に動きまわります。最初に訪ねたのは奈良の安堵《あんど》村に窯を構えていた八歳年長の富本憲吉《とみもとけんきち》です。富本の紹介で、バーナード・リーチの展覧会に上京し、そこで工房に来るよう誘われます。訪ねていったリーチの工房は、当時千葉県我孫子に住んでいた柳宗悦の邸内にありました。濱田はそこで柳夫婦を紹介されます。

濱田庄司は、一九二〇（大正九）年六月、バーナード・リーチにさそわれて、英国西端のセント・アイヴスという寒漁村へ、陶芸修行のため出かけます。現在その地は、復興整備されたリーチ工房やテート・ギャラリーを核にして、風光明媚な海辺のリゾート地に発展し、また芸術家の町として、実際たくさんのアーティストが住んでいます。

濱田が帰国したのが一九二四年三月です。三〇歳の濱田は、神戸で下船するとまっさきに、先輩河井寛次郎を訪ねて京都東山区五条坂へ急ぎました。河井は、京都陶磁器試験場を辞して、すでに後援者も得て、窯持ちの陶工として五条坂で独立していました。

「帰ったぞ、おーい僕だ、濱田だ」

夜九時ちかく、風呂敷包みひとつでした。濱田の顔を見たとたん、びっくりした子供のように河井の表情が止まり、みるみるその目から涙が溢れました。

「おお帰った、帰った、よう帰った、上れあがれ」

河井は、涙を隠そうともせず、幼な児の手を引くように濱田の手を掴んだといいます。

「嬉しくてたまらん。これからは一緒にやろう、二人なら何もかもうまくいく」

《私はあれほど人に待たれていて喜ばれた経験は、後にも先にも一度もなかった。強い感

動を受けた。友達は河井一人がいてくれれば十分だと思った》

後に濱田が述懐しています。

実は、当の河井寛次郎は、この時うち沈んでいたのです。

河井の初めての展覧会が、三年前の一九二一（大正一〇）年五月、東京の日本橋高島屋で開かれました。鮮やかなデビュー展でした。

京都からのぼってきた無名の陶工に、日本陶芸の未来が嘱望されたような騒ぎでした。

《河井氏の奇才は科学に立脚して豊富なる天分を発揮し、全然旧様に泥《なず》まず、新意を出ししかも雅潤、すこぶる見るべきものがある》

《支那銘器の塁を摩するのは勿論、前人未到の新境をも開拓せずば止まない……》

新聞や雑誌が絶賛しました。

このデビュー展の前に、河井は乞われて東京帝大で講演をしています。

《よい品は、善い人々の無我無意識の間に行われた創作に係るものだから美しいのです。美を意識して作ったのではない……無我の仕事の結果として美しいものが生み落とされた……有名は無名に勝てない、自意識の仕事は無我の仕事に勝てない》

《科学を忘れ、すべての約束、すべての理屈を忘れて土に同化し、自然に帰る。それより方法も道もない。いわんや野心でも、工夫でもないと信じる》

東京高等工業学校で知識を学び、京都陶磁器試験場で化学実験に打ちこみ、しかも秀でた陶技をもつ当代の若き泰斗《たいと》が、自意識を捨てろ、科学を忘れろ、自然に還れ、と東京で声をあげたのでした。

　そうした河井がショックを受けることがありました。

河井の初個展と同時期に、神田で、〈朝鮮民族美術展覧会〉が開かれていました。その展覧会を主催していたのは、三二歳の柳宗悦です。柳は一〇年編集にかかわってきた雑誌『白樺』紙上で、展覧会を告知し、朝鮮民族美術館設立の寄金を呼び掛けていました。『白樺』を読んだ河井が展覧会に行き、「まるで違う世界が目の前にあった。見ているうちに、自分の作品が恥ずかしくて、逃げ出してしまいたくなった」と言うのです。

　柳は、一九一九年に朝鮮で突発した三・一独立運動を契機に、植民地朝鮮の実態に公憤をつのらせていました。そして自らの朝鮮美術への欽慕を表すために、朝鮮民族美術館の設立を決意し、同志浅川伯教《のりたか》、浅川巧《たくみ》らとともに集めた四百点ほどの朝鮮陶磁を、狭い会場いっぱいに展示していました。植民地支配者である日本人に、美しい陶磁器の作者である朝鮮民族へのまっとうな評価を求めて柳が開催した展覧会でした。

　眼前にある李朝の壺たちは素朴で、人のぬくもりに似た美しさがありました。

　自分が目指さなければいけない到達点に、既に柳が立っているような、先を越された敗北感を河井は味わうのです。

「見たけど見てない感じや。どないして会場を回ったか覚えとらん。ふらふらや」

河井は、電車賃だけ残して、所持金全部を朝鮮民族美術館設立の寄金箱に入れました。学ばしてもらった気持ちがそうさせました。考え込んで、自分の個展会場の高島屋へ帰るのに駅を乗り過ごしてしまうほどでした。

その日から、仕事に迷いがうまれ、誉められるほどに悩みは深まってきたのです。

そんな河井においい討ちをかけるようなことが起こります。

河井を褒めちぎった東大教授の奥田誠一が、柳宗悦の朝鮮民族美術展覧会を、美的価値がないと雑誌で酷評しました。柳はすぐにそれに反論を発表し、返す刀で、こんな迷妄家がほめる河井の仕事は、中国古陶のイミテーションに過ぎぬ、と斬りつけました。

柳の放ったひと言が、河井に突き刺さります。中国陶磁器の写しだと断言され、あたかも泥棒と言われたくらいに、河井の潔癖なこころは揺れました。朝鮮雑器の美を見いだし、たったひと言で河井の弱点を言いあてた柳の力に、河井は完全に打ちのめされたのです。

そんなところに濱田が帰国してきたわけです。

「道に迷ってしまって、どの道を行くのが正しいのか、いま前を向いているのかそうじゃないのか、まったくわからないんだ」

濱田が英国に発つ前は、自信を持って邁進していた河井が、四年のあいだに人が変わったように、自分を懐疑していました。

濱田は、河井の家に居候して、毎日骨董屋巡りをはじめます。セント・アイヴスのバーナード・リーチの仕事場に、日本の行灯皿が飾ってあり、濱田は毎日それを見て、日本らしい絵付けの良さを、英国でリーチに教えられました。

「こんな行灯皿や蕎麦猪口のどこが面白いんや。濱田がイギリスで何を学んできたか、まるでわからん」

そう言いながらも、河井寛次郎が次第にその世界に引き込まれていくのです。そしてすっかり心を奪われ、「これはたいした手本だ」と言いだしました。これが河井と濱田の下手物収集のはじまりです。


不思議なことはあるもので、同時期に柳宗悦が、京都の吉田山へ転居してきます。前年の関東大震災後、親友志賀直哉に京都へ誘われたからでした。濱田は、渡英する前、柳宗悦と知り合っていましたが、京都で再会するとは、思ってもみない巡り合わせでした。

濱田は、河井と柳の確執をしり、そんな不幸なことはない、二人は分かりあえる気質だ、と思います。いやがる河井を、むりやり柳の家に連れだすのです。

河井が通された部屋の床間に、二体の仏像がおいてありました。それを見た河井が、勝手ににじり寄り、両手をたたみに突っ伏して眺め、やがて「おうおう」と興奮したサルのように上体を前後にゆすりはじめます。

柳宗悦が、山梨県甲府で発見した、木喰仏《もくじきぶつ》がそこにあったのです。

柳が「君は面白い人だなあ……」と言いながら、河井の手を握ります。濱田が願ったように二人のわだかまりは溶けていきます。こうして、それぞれにさすらって来た三つの志が、寄り合うように結びあって、新しい〈魂〉となって動きだしたのです。この出会いが、その後日本中を揺さぶることになる、日本民芸運動のはじまりです。

濱田庄司が京都の河井寛次郎の家で集めはじめた、行灯皿やそば猪口に、李朝を集めていた柳宗悦がことのほか興味を示しました。やがて三人一緒に、骨董市に出かけることが日課のようになります。柳も河井も、いつしか夢中になっていました。

一九二四（大正一三）年という年は、柳宗悦が正月に木喰仏を発見し、三月に濱田庄司が帰国し、四月に柳の朝鮮民族美術館が朝鮮の京城《けいじょう》に開設され、柳が京都に転居してきて河井と和解をし、三人で骨董市めぐりをはじめ、さらに六月に濱田が益子に飛び込んだという、民芸運動の歴史のスタートとして記憶されるべき、重要な年になりました。

民芸の時間軸

柳は京都で執筆活動に精を出し、河井は京都五条坂、濱田は栃木県益子で作陶しながら、三人の付き合いは深まっていきます。

スケジュールをあわせ、日本全国へ、民芸品探しの旅がはじまりました。

「ああっ」

琴線に触れるものに出くわすと、奇態な声をあげるのは河井です。手にした古い品に涙を流す河井の喜びの深さに、そばにいる二人も引きこまれ、幸福な感情に浸ることがしばしばでした。

「あんた方は、ほんまに下手物が好きやな、喰いよるん違うんかいな」

「そうだな、眼が食べてしまうんだよ」

売り手の婆さんたちは、汚れたボロ品を買い集めてどうするのか、と売りながら納得できない顔をしています。

「ようわかるな、その言い方、まさに庶民が普段に使う下手や、下手の美や」

「この下手たちに、知識で考えがちな自分を、とことんペシャンコにして欲しいんだ」

参考になる文献があるはずもなく、じかに見る三人の眼を基準に、下手物の山に踏み入って、有名だろうが無名だろうがおかまいなしに、好いと思う品を集めました。

「正しい美という括《くく》りはどうかな。なにかこう人生そのものを肯定してくれる、そんな気分にさせてくれるものが、この下手物たちにはあるよね」

「健やかな美、という言葉をかぶせるのはどうや。これは健やかな生活に直結した美やで」

「作った人間も使った人も、どちらかというと貧しかったかもしれないな。金がないだけにいっそさっぱりした、清潔な日常が、浮かんでくるなあ」

昔の無名の職人によって作られている用具の中に、疑いのないまっとうな美が宿っている。こうした〈正しい美〉や〈健やかな美〉は、庶民の健全な日常に寄り添っている。そのことに誰も気づいていない、というのが三人の最初の共通認識です。

骨董市をめぐりはじめてから二年後、一九二六年四月『日本民芸美術館設立趣意書』が発表されます。その祈願が日本民芸館として結実するのは、さらに一〇年後、一九三六（昭和一一）年の秋でした。

新築の美術館といえば洋館が当然視された時代に、大谷石《おおやいし》と漆喰と黒瓦の純日本風の大建築は、建築家たちの嘲笑をかったようです。むろん怯む三人ではありませんでした。

この一〇年の間に、一九二七年の金融恐慌、一九二八年の張作霖爆殺事件・治安維持法改悪・特別高等警察設置、一九二九年の世界恐慌、一九三一年の満州事変、一九三二年の上海事変と国内大不況、一九三三年の国際連盟脱退、一九三四年の満州国実施、一九三六年の二・二六事件、これらが連鎖的に起こり、歴史年表に特筆されてならんでいます。

日本民芸館開設時の年齢が、柳宗悦四七歳、河井寛次郎四六歳、濱田庄司四二歳です。

設立趣意書発表から開館するまでの一〇年は、民芸美論の深化の時期でした。柳宗悦は『下手物の美』『工芸の道』など、矢継ぎ早に民芸美と工芸論を世に語っています。

ことに『工芸の道』は、各章が書きあがるたび、柳は河井寛次郎と濱田庄司にチェックをさせて、いわば三人で共著したものでした。

『工芸の道』は新鮮な書物として、社会にしみいるように受け入れられます。

《高額で豪華なものだけに高い美があるのではない。工芸の美を決定するものは、それがどれだけ技巧的に作られているかということではなく、それがどれだけ用途のために作られているかということにある》

それまでだれも言わなかった民芸美論は、作り手には用の工芸に戻ること、使う者には美の生活化をめざすことを掲げ、運動として展開されていったのです。

そして柳たちは、日本民芸館開館の時に、こう宣言しました。

《どんな美が最も正しい美であるか。私達は健康な美、尋常な美の価値を重く見たい。かかる美が最も豊かに民芸品に示されていることを指摘したい。私共は無名の職人達が民衆生活のために作った実用品の中に、最も正当な工芸の発達を見ている……美しさにもいろいろあろうが、私たちはその中で健康な美を固くまもろうと思う。私達はこの民芸館において一つの美の標準を贈ろうとするのだ……日本民芸館の仕事は、古作品への正しい認識から、新作品の正しい発展へと進み、工芸の健全な成長を念願とするものだ》

日本民芸館は、平凡な無名の職人でもこのように美しいモノを作ることが出来る、という民衆へのシンパシイーの表れでした。同時に明日の手工業生産に直接的に呼び掛けるものでもありました。あらゆる分野の職人・工人達が、古い民芸品から黙示を受けて近代生活に添う日用の雑器を作る。使う側の人間にたいしては、モノの美しさの本筋を読み解き、実生活を美しく彩るための参考にしてもらおうと願ったのです。

我々は、駒場の日本民芸館で、板張りの床の軋む音を気にしながら展示品を眺めるとき、眼前のコレクションたちとおなじでなればいけないと考えるか、それとも自分にとって前向きにひらめくものは何かという気持ちで向き合うのか。

三人が提起しているのは、当然後者です。

わたしたちは、日本民芸館の全体に漂うスピリットに感応する必要があります。

美と生活とを結ぶことを意図し、工芸の健全な成長を念願する三人には、時代認識として、健康ではない当時の日本の空気感がありました。それに抗う健やかなくらしの美を、当時の社会に呼びかけたのだと思われます。

百年後の今、私たちのまわりにも健康でない空気感があります。悪鬼とか邪悪がそこかしこに潜んでいます。それは心の隙をついて我々に忍び込んで来ようとします。困惑や迷惑や誘惑の多い今の日本です。

惑いは、健やかとはいえない心模様とおおいに関係しています。妬み、怒り、欲張り、劣情や不遜、そうした不健康な心の瞬間は、我執に引きずられて、目の前の対象しか見ていません。刹那的な視野狭窄におちいり、トイレットペーパーの芯筒に片目を当てて、刻々と移り変わる世間と対峙しているような感じです。

目先の時間だけで生きていると、健やかとはいえないものに蹂躙される危険が高まります。大事なのは世間の動きとは別の時間軸で世界を眺め直すことです。百年前のことを見通すことができれば百年先が見えるでしょう。三百年前まで感知できれば、三百年の尺度で世界を考えることもあるのではないでしょうか。

そうした長い時間軸をくらしの中に据えると、この世界は欲得以上のものでつながっていることが見えてきます。人間の存在の意味や人間の価値がうかんできます。

長い時間軸、それが民芸的時間軸だと私は考えます。

柳宗悦、河井寛次郎、濱田庄司の三人は、彼らから遡ること二、三百年前の下手物を見詰めて〈民芸の心〉を読み解きました。三人のように過去の数百年を眺め、出来るなら未来の数百年を一本の時空間の帯として捉え、その中で自分は今何をすべきかを考えることができれば、と願うものです。三人を瑣末的日常の呪縛から解き放ち、無闇に現生利益につなぎ留めなかったものが、〈民芸力〉なのです。

実際に世の中を動かし、家族を養っている世代は、不健康な現実社会と向き合わざるを得ませが、せめて魅惑的に生きたいものです。〈生活と心の自由〉のバランスを確保していく手掛かりを、健やかなくらしの美に探していきましょう。

三人三様

三人が同じモノを見てはじまった民芸運動ですが、年を経るにつれて、三つの個性が着目したそれぞれの切り口は、微妙に違うものになっていきます。

民芸美を、柳は思索のリソースに使いました。河井は己の虚飾を映す鏡に使いました。濱田庄司は田舎くらしの骨格に使いました。

方向がおなじでも動きが微妙に違う三つの個性が、手をつなぎ、時にはまじりあって流れるように動いたことで、民芸運動は強固な安定感を維持していきます。

民芸論では柳宗悦の著述が圧倒的に多く残っています。そのために、民芸運動といえば柳宗悦一人で展開したものであるかのような印象がありますが、柳宗悦一人ではとうていなしえなかったことです。

民芸を論述していった柳宗悦に、モチーフをもたらし、かれの論考を下支えしたのは、同じく鋭い直観で下手物の美を汲みあげていった濱田庄司と河井寛次郎の、実作者としての存在です。同士としての濱田と河井の存在は、水や空気のように重要です。

柳宗悦は、河井や濱田とまだ知り合っていなかった一九一四（大正三）年に、『ウイリアム・ブレイク』という、原稿用紙九六〇枚にもなる大著を世に送りだしました。

イギリスの宗教思想家であり、詩人であり画家でもあったウイリアム・ブレイクを、二五歳の柳宗悦が、渾身の力で称揚したものです。

《一粒の砂に世界を見　一輪の花に天国を見る》というブレイクを崇拝していた柳には、生まれながらに豊かな詩情が備わっていました。そのため柳は、論述の随所に詩情がまさった描写を散りばめていく傾向がありました。そうした詩的で揶揄的なレトリックを、論理のあいまいさだと攻撃する人がありますが、柳の論述に濱田庄司と河井寛次郎の生き様をダブらせることで、民芸運動のパラダイムがしっかりと安定してきます。

柳は、五〇歳代をむかえ、民芸美を宗教的真理にかさねて考えはじめます。そうして五九歳になった時、美を求める民芸運動は、真理を求める宗教的活動と同じだという考えに至りました。それを『美の法門』という論稿にまとめあげます。

〈信と美は一如〉と言ったのです。

《信論と美論とを結ぶといふことは、何も奇怪なことではない。信を語る聖句は同時に美の密意を囁く言葉だと言ってよい。美もまた無上なるものの姿以外のものではないからである》

そして一如である信と美が、民を支え、救済するとします。

工人たちは、生まれ育った場所や伝統的な材料や技術といった、すでに用意された環境、つまり他力によって、美しいモノを生み出している。これこそが仏によって用意された凡人凡夫が救われる道なのだ、というのです。

そうした思索を、柳宗悦はみずから仏教美学と名付け、『南無阿弥陀仏』『無有好醜の願』『美の浄土』『法と美』といった、最晩年の名著を残すことになります。

五〇代半ばの河井寛次郎の心境は、こうでした。

《この世は自分をさがしに来たところ　この世は自分を見に来たところ　どんな自分が見付かるか自分》

この河井が逢おうと呼びかけている自分は、ただぼんやり流れるままに生きているような軽薄な自分ではないでしょう。挫折しながらも懸命に生きていくような自分。持てる能力をつかって、愚直に工夫する自分。日々を一心不乱に生きていくことを決意している自分です。

河井寛次郎は、無数の自分を見たいと願い、そんな風に生きました。

河井はこうも言います。

《美を追はない仕事　仕事の後から追って来る美》

美は、想念や小手先の技術で生み出すものではない。全身全霊で対象と向き合う仕事の結果としてついてくるのだというのです。

「わしはまだまだ未完成だ。うまく出来ないから、一生懸命やるのだ。果てしない遠い道だけど、がんばっているんだ」と言うのが、五〇を過ぎたあたりの河井でした。

「人間の生きる時間は、はかない一瞬のようなもの。その大事な時間を、我々は生ききらなくちゃならない。どうでもよいことに心を患わせている時間はないんだ」
我執を超えた世界を求めて、不要なものを削り落としながら、河井は自分探しを続けたのです。視線の先には虚飾のない民芸品のオーラが常に在りました。壺の外を飾るのではなく壺の内側からの輝きを求めて〈民芸〉を咀嚼し、やがて《なんという今だ、今こそ永遠》《この世このまま大調和》という、宇宙をも抱合するような境地に至った河井がいます。

英国からもどった濱田は、縁もゆかりもなかった益子という田舎に敢然と飛び込み、健やかなくらしを確立しながら、美を大地から汲み上げるかのように生きました。
《工芸において嘘は一番いけない。正しい材料と正しい手法。これが品物の価値の過半を決する。いい仕事をねがう正直な心で、不純のない仕事だけに落着いていたい》
五〇歳を目の前にした濱田庄司の言葉です。
《仕事を尽くすだけ尽くしたら、あとは焼上りの味などにこだわらない腹構えがほしい。焼損じは自然の結果で、完全でないというまでのこと、本質的な不健康ではない》
と言い、ついには、形は轆轤にまかせ、絵は筆にまかせ、焼きは窯にまかせる、という境地にいたりました。

民芸運動は、明治の近代化による急激な変革と軍国主義がもたらす社会の歪みを、個人生活の面から少しでも是正しようと考えた、世界にも独創的な文化運動でした。

健やかで虚飾のない民芸の美で日常生活を整えるという手法は、物量的な豊かさに惑わされない美しい生活や、美しい魂の人間を目指す、いわば質的な豊かさへの転換を図るものであったのです。

日本中がバブルに踊ったころのように実利一辺倒に生きても、人間としての総幸福量は思うほどに満たされない現実をわれわれは知っています。ではどうするのか。

不健康な空気感におおわれた現代、それでも生きなければいけない今日的状況の中で、私たちが選べる標《しるべ》として、民芸運動の三人の背中が見えています。

Ⅱ 創造の楽しみ

モノを観る　モノを選ぶ

美しいモノを身近に置くのは、どうすればいいのでしょうか。

柳は、〈蒐集とは、一生に今この一個をのみ買っているという行為の連続〉と書いています。蕎麦猪口百個が目標というような数を競う集め方ではなく、〈今この一個こそ〉という気持ちで買う、その心が重要なのだというのです。蒐集自体が目的ではありません。日々そのよさを眺め、モノに恥じない、健やかで美しいくらしを実践していくための蒐集です。

昭和二一年の暮れに、大原総一郎宛の手紙で柳が書いています。

《近頃聞くこと見ること暗き想いのすること多く、誠に苦しきことなれど、一旦美とか聖とか不動の世界のことに想いあたると、光り輝くものを感じます》

極端にいえば、美が見える人なら、自分の背筋が伸びるようなモノを一個持てば十分なのかもしれません。もっといえば高価なものを所有しなくても、ちょっとしたモノを生かして美しい空気感を醸しだし、自分らしい生活空間で、真善美を忘れずくらす。自分の好きなモノが、今日もまっとうに頑張れと囁いてくれる。そういう工夫かもしれません。

河井は〈モノを買ってくる、自分を買ってくる〉と言いました。柳は〈君が見たモノの中に君がいる〉といいます。モノの並びを見ると、持ち主がどういう思いでそれを選んでいるか、内面がわかるというわけです。

皆さんも、自分の身のまわりの持ちモノを眺めてください。見栄をはらされた飾りモノが不健康に喘いでいませんか。

三人はモノを選ぶという行為を、決しておろそかにしません。その基準は健やかな美しさです。健やかとは、文字通り心身が病んでいないことです。笑顔や、なごみや、平和や、自分や周囲への肯定がある状態です。嘘や虚飾ではなく、病的なこだわりもなく、はつらつとしている状態です。内側から命が光っている幼児の顔のような、大人ならば、涵養された知性や感性が輝いているような身ごなしです。

健やかな美しさは、対外的に着飾った美ではなく、いわば魂の美しさとでもいうような、内面に関わっている美なのです。したがって、受け取る側の心が、淡々と素直でなければ、健やかな美しさを受け損ねるでしょう。

そうした健やかな美しさを感じる、素直な心が息づく場所が、三人が求めた日常です。だから、民芸美は〈日常性と結ばれている美〉といわれます。

次に、良いモノを選ぶために、美にたいする直観を磨きなさい、と三人は言います。骨董市の店頭では大勢が手を伸ばしてきました。時間をかけて迷ったり、ためらったりできません。すぐに決断しなければ横から買主が現れるからです。三人は瞬時に判断しなければならない必要性を知りました。見た瞬間に、雷に打たれるようにモノの良しあしを断じる見方、それをかれらは〈直下《じきげ》に見る〉とか〈直観で見る〉とかと表現するようになります。この直観について、柳はこう釘をさしています。

《観るは、見るとは違って、感覚ではない。強いて言えば内覚とでも言うべきものだ。観るには眼と共に心が働く。だから心に濁りがあると、直観はたちどころに曇る》

《平たくいえば、何の色眼鏡も通さず、ものそのものを、直かに観ることである。決して外部の評判とか言説とかに拘束されるものではない。民衆的とか貴族的とか、在銘とか無銘とかいう判断が根元にあっては、直観の働きは鈍ってしまう。直観は、ものへの直接的理解であり、それゆえ主客一体の境地だと言ってよい》

自分とモノとの間に知識を挟まず、モノそのものの美しさを即刻に感受するのがポイントです。自分を知識の呪縛から解き放ち文字通り直ちに観る、これが直観です。

子どもの視線は、経験的な価値や先入観に縛られていないゆえに自由です。それが大人になるにつれ、感性に紗がかかったようになり、枠にはまった認知をするようになってきます。「これ、知っている」と老け賢い知識が耳元で囁きます。するともう目を洗われる思いも、昂ぶりもなくなってしまうのです。

心を、子供のように明るく開いて、まっすぐに、映るままに見ることです。

だが山に鯨を探すような方向違いを起こしてはいけません。民芸論のベースには、良いモノをさがし、いいモノと触れ合うことが大事だと言う認識があります。

下手物と蔑まれていたモノが単に珍しいだけなら、三人は、あんなに興奮しなかったでしょう。そこに、ゆったりと動じないゆとりや、オープンで虚飾のないたたずまいが顕れているのを見たから、かれらは惹きつけられたのです。

濱田庄司の見る姿勢を付記しておきます。

《陶器や織物やその他いろいろなモノをわかるのに、それぞれ別々の知識を準備しなければならないと考へている人があるが、感じるポイントが明確になれば、同じ感じ方でどのジャンルでもわかる》

美しいモノは多様にありますが、それを見分けるポイントは絞れると言います。

《誤りなく作られた物、正しく作られた物、適切に作られた物、これらが美の成分です。見知らぬ国へ行った時でも、このポイントで見れば、間違うことはありません》

濱田の言う、美の成分でモノを見る姿勢を、試してみてはいかがでしょう。

もうひとつの民芸の提案は、往時の健やかだったくらしぶりを参考にしながら、生活のあり方を内省してみようと言うものです。

より美しくくらし、より正しく生きることを考えよう、と呼びかけています。

現代的に言うなら、センス良くスローに生きるということでしょうか。三人は、民芸美をてがかりに、不健康な時代に抗して自分を見失わずに生きる道を探していました。

そのためには〈眺める品を集めるより、使いたい品を集める〉のが本筋だといいます。

なぜなら三人のいう蒐集は、生活と美とを結びつけるためのものだからです。

念のために言うと、使い勝手が悪いモノは、使いづらいゆえに日常から離れてしまいます。

日常性と結ばれている美というのは、使い勝手のいいモノの美ということであり、それを用の美と言うわけです。さらにこの用の美は便利であれば何でもいいというわけではありません。

使う人の健やかな心にふさわしいモノでなければいけません。

実作者として民芸に向きあった濱田は、語ります。

《民芸美を噛んで噛んで腹におさめ、そのエッセンスが自分の血液となり細胞となって掌の先から滴り出るように、作品に生かさなければいけない。そうなるためには、形の無い所を見なければいけない。形を超えたもの、根の深い部分に大切なものが宿されていることを知らねばならない》

直観的に美しいと思ったモノが、なぜ美しいのか、どこが美しいのか。その美しさの根っこを掘り当てるように、濱田はまじまじと繰返し見詰めました。

「お経の一文字一文字の意味を解釈しただけではお経を読みとったことにならない。真髄は何かということだ……民芸品をまねるだけでは民芸を読み解いたことにはならない、民芸美の根は何かを掴まなければいけない」

かれらのこうしたモノに対する真剣できまじめな態度が、人との交わりにおいては洗練された品性や高潔な人格となって表れ、柳宗悦・河井寛次郎・濱田庄司を、師と呼んではばからない人々が増えていったのです。

何という今だ　仕事が仕事をする

河井寛次郎は一身にして三世を経るがごとく生きました。精緻な技巧を極めた初期。民芸にのめりこんだ時代。そして一九四九（昭和二四）年に、五九歳で突き入った不定形の時代です。社会人としての河井は、謙虚で自制のきいた公徳心の人でした。しかし創作の場においては、デモーニッシュと言えるほど激しく飛翔した人です。ことに晩年は、豊かな表現力を思いのままに羽ばたかせました。やきものの枠さえ超え、木彫、鋳金、随筆など変幻自在に跳ねて遊んだ芸術家であったといえます。

奇怪ともみえる河井の第三期の不定形な作品群は、その造形の血脈を探そうにも、近世近代の日本のどこにもそれを見出せないような突飛な印象があります。一挙に縄文時代にでも遡らなければ、あの激しい情動的な作品を、我々のＤＮＡが納得できない気がします。

「無定形な世界をみつけて、仕事は一層面白くなりました」

と喜びを語る河井の第三期には、解放された精神がもえあがり、特異なイメージや異形のラインがほとばしっています。非対称であったり、多口であったり、でこぼこだったり。特異な器形のそれらは、民芸を超越し、実用性にこだわらない別世界に遊ぶようです。

柳宗悦が、一九五二（昭和二七）年頃に、河井の辰砂碗の箱書に、

《コメニシ　アフレニシ》

という詞を添えました。その詞について濱田が、

《アフレニシは誰でも感ずる河井の作品の身上だが、柳はコメニシと添えた。コメニシアフレニシは、河井の生活と全作品を貫くほどの言葉だと思う》

と、後に感想を書いています。

河井は、最初から無定形な作品を作っていたのではありません。用即美、とする民芸世界で、簡明でがっしりした生活陶器を長年造り続けたあとで不定形の時代に踏みこみました。

民芸美の草原を歩みきて、いつか孤高の頂きに到った、そんな気がします。

《今思うと、河井は河井の巣から飛んできて、何年か民芸の沼辺で他の仲間と餌を拾ったあと、民芸への根は一層深く固めながら、最後に再び、自分の空へ高く飛び去った一羽の鶴とでも思いたい気がします》

濱田庄司が、河井寛次郎の三回忌によせた言葉です。

岡本太郎が一九五一年に縄文土器を見て、何千年も前に日本独自の文化があったことを知り、「縄文土器の凄さを見ろ。いまの人間にあんなものが作れるか」と述べたことから縄文土器の芸術性がひろく認知されました。

世界の歴史で、土器を初めて生活に持ち込んだのは我々の祖先の縄文人だという説がありますが、河井寛次郎はもっとも原初の日本人の感覚を近代に持ち永らえていた稀有な陶芸家だったと言えるかもしれません。江戸期の健やかな民芸美を突き抜けて、そこがそれとは知らぬま、縄文時代にまで自分を掘り下げていった河井がいたと言えるでしょう。

河井は、不定形の作品に取り組みながら、同時に思索を深めていました。

やがて河井は、人は縛られていないと言います。

《すべては自分で表現している世界。自分だけでしか表現出来ない世界。意識しようと意識しまいとその人しだいの世界。浅く見ようと、深く見ようと、広く見ようと、せまく見ようと、それでそのままその人の世界。何人も犯すことの出来ない世界。すべては自分がつくっている世界。だからこそ作り放題の世界。どんなにでも作れる世界。これ以外にほんとうの世界がどこにあるのであろうか。人は縛られてなんかいない。縛られていると思うならば、それは縛っている自分自身なのだ》

六〇歳になろうとする河井は、自分を矮小化しません。

《何という大きな眼、この景色入れている眼》

雄大な景色を捉えているこの目の持ち主は、河井です。そして皆さんです。

《見つくされたものなんか一つもない。しつくされたものなんか一つもない。見放題の可能。し放題の可能。見るのだ。するのだ》

三〇歳代の前半、目標を見失って濱田に嘆いた河井からは想像できないほどに、仕事と一体になって喜びを感じている、自分をみつけた河井が浮かびます。

《すべてのものは　自分の表現》

こう言えるまでに、民芸美を見出してから二三年経っていました。

ところが、河井の深化とはうらはらに、民芸品に共通する特徴であったキーワードが独り歩きして、支持者の心を束縛したり規定したりしはじめていました。

真髄から離れたところで、民芸美の行きすぎた秩序化とか絶対化が起きていたのです。

河井は、民芸を観念で縛り付けようと硬直化しつつあった仲間世界から、みずからはみ出ていきます。そして〈陶器の家の準禁治産者〉を名乗るのです。

《自分で作っている自分　自分で選んでいる自分》

河井の不定形の時代とは、民芸美から学んだものをジャンプ台にして、老いてなお飛翔した、河井が行きついた歓喜の場所でした。

〈創る〉でも〈造る〉でも〈作る〉でもいいのですが、何かモノをツクルのは楽しいことです。

何かをつくりたい意欲を持つゆえに、人は人であるとも言えるでしょう。

やっていることが趣味的に見えようとも、その創造意欲は大事です。工芸品のようなものでも、俳句や絵画でも、あるいは音楽でも、生みだしていくのは楽しい作業です。菜園、手芸、建築や、組織の立ち上げなどにも、つくり上げる楽しさがあります。

一方、何もないところから何かをつくり上げるのですから、時間や体力や知力をすり減らす、産みの苦しみというのは当然あります。それは仕事でも趣味でもおなじです。

ところが産みの苦しみと表裏一体で〈努力がもたらすプロセスでの喜び〉が存在することを、当人は案外気づいていません。努力というのは、結果だけを見つめてエネルギーを摩耗してい る印象がありますが、同時にそこには、自分の持てる能力を自分で引き出し、磨きをかけて、それを天分に高めている一面があります。

《喜びというのは、見知らぬ自分に出会った自分》
《新しい自分が見たいのだ　仕事する》

河井寛次郎が言うように、出来るか出来ないかわからないが、そんな事すら思わないで突き進んでいると、見たこともない自分に出会えます。自分が知らなかった自分の能力を引き出し、見たこともない自分に高めているからです。

自分の全存在をかけて、持てる能力をフル稼働して取組んでいくと、

《仕事が仕事をしている仕事　仕事は仕事を吸い込み　仕事を吐き出す》

という歓喜の境地に到るのです。そしてついに〈何という今だ〉と寛次郎が感じた、生を強く確信する刹那が、あなたにも訪れるのです。

頂上をきわめる途中のプロセスで感じる喜びは、成熟の歓びであり、己の天分に磨きをかけて目標と格闘をしている過程にこそ、生きている人間の幸福があるとも言えるわけです。

この自分が成熟して行く歓びは、言い換えると自分になりきる楽しみです。勝利や達成に縛られる必要はありません。自分が今やっていることを単に苦労と思うか、主体者として喜びを見いだせるか、それは当人の心構えによって大きく変わってくるわけです。

そうして努力の途中で見知らぬ自分に出会えたなら、それは自分の能力開発に成功したのとおなじで、一皮むけたと言えるでしょう。ワンランク上の自分がいます。

もっともこの喜びは、日々の努力の中にしかありません。河井が到達した〈仕事が仕事をしている仕事〉の境地は、不断の努力が条件です。縛られていないあなたは、見放題の可能、し放題の可能の世界で、どんなにでも自分の世界を広げ、今こそ永遠を掴むのです。

土を選ばず

一九二四（大正一三）年六月、濱田庄司が降り立った窯場の益子は、ひなびた寒村でした。

当時の益子は窯業の歴史も浅く、水甕、土瓶、飯茶碗、行平《ゆきひら》鍋などごく身近な日用の雑器を生産する地方窯にすぎません。東京という大市場をもった陶業地として、明治時代はそれなりに元気があったのですが、大正期になると、東京で都市ガス化がすすみ、台所用品も軽金属の鍋や釜がつかわれます。益子に不況の風が吹き、一九二〇年には三十数軒の窯元が一斉に生産停止を申し合わせ、在庫調整するような苦境におちいっていました。

そこに濱田庄司が腰を据えたいと言った時、猛反対したのは先輩河井寛次郎です。

「益子に何がある。土も悪いし、釉薬も限られてるやないか……きっとお前が満たされることがないわ」

「僕の目指すのは、あの下手物の山とおなじ方角だと思っている」

「どうして陸の孤島にいく。なんために蔵前を卒業した。陶磁器試験場で何を学んだ。なんのためにイギリスに行ったんだ」

河井が、珍しく気色ばんで、益子と聞いてさげすむ色さえ見せました。

「ありがとう、でも心配しないでいいよ、英国にいるときから考えてたことなんだ」

濱田庄司は、渡英する前に、美濃、瀬戸、万古《ばんこ》、信楽、伊賀、九谷と、日本の窯場はそれなりに見ていました。河井とともに沖縄、朝鮮もおとずれていました。

あえていうなら、沖縄の壺屋《つぼや》か栃木の益子だと、濱田は考えて帰国したのです。

日本に帰ったら、人のこないような田舎の窯場に住みこんで、健康な心の風呂に入って、頭につもった知識をいちど洗い流してしまいたい、そう考えていました。

こうした考えには三年半の英国での生活が影響しています。

濱田がバーナード・リーチとくらしたのは、大ブリテン島の最西端のセント・アイヴスという小漁村です。都会に損なわれていないセント・アイヴスでのくらしに、濱田は環境の意味を読み取りました。

セント・アイヴスのように、自分の心を平静にたもつ環境がなければ、作品を生む自信がないと考えたのです。濱田庄司にとって、やきもの創りは心の問題になっていました。

その腹構えを決定づけたのは、ロンドンから七〇キロ南にある、ディッチリングという工芸村を訪れた時の経験です。ディッチリングにすむ工芸家たちは、あえてロンドンから離れ、文明の情報の海から適度に距離をとっているように見えました。

「いいかい、私らが嫌っているのは、モノをつくる行為がすべて、お金のためにやる行為に堕していることだ。職人、手仕事、生産活動、これらは賃金の奴隷ではない」

労働を功利で見るような産業化社会は認めない、とリーダーのエリック・ギルは自信にあふれていました。

「工人も、自らの手作業を信仰としない限り、いつまでも賃金の奴隷のままで、自由な人間になれない。モノをつくる営みと、信仰は一体なんだ」

ギルたちはそうした信念のもとに、自然に包まれた環境で、仕事と日常の調和を大切にしてくらしていたのです。

濱田庄司には、ディッチリングの工芸家たちの日々が眩しく見えました。

自分はまだ知識が勝ちすぎている。良いやきものを作るには、日々のくらしぶりが大事だ。そう思って帰国します。

「のんびりした田舎の、飾らない生活が、僕の望みなんだ。説明しにくいけれどね」

健やかなくらしにこそ、美の源がある。濱田は確信していました。

大地と語り合うように、自然の啓示を受け止めながら、平らな心で仕事をしたいと考えていたのです。そして、東京から九〇キロの場所にあった、ひなびた益子を、濱田庄司は選びます。

益子の窯場としての優位性は低く、どちらかと言うと目立たない閉鎖的な場所でした。

江戸期さながらの因習の強い窯場は、そんなに簡単に英国帰りの若者を受け入れてくれません。頼みこんで職人長屋に住みこんだものの、周囲はいつまでたっても打ちとけてくれず、濱田は、中傷や排斥を笑顔でうけながし、土地になじむため、間借り生活に耐えました。

濱田庄司が益子の地に自分の家を構えることができたのは、益子に降り立って七年が過ぎてからです。

その益子が、現在ではやきものの郷として一大観光地に様変わりしています。濱田が存命の頃は、アメリカやヨーロッパから幾多の若者が益子を訪れ、濱田の門を叩き、学んで巣立っていきました。一時期、益子が日本のやきものの聖地のようになって、世界に名をはせ、ついには昭和天皇や皇族も訪れるほどの、日本を代表する窯場として評判をあげていったのです。

《益子の土だったからこそ、わたしにもどうにか使いこなせるようになった。ここがいい陶土だったら、扱うのにもっと時間がかかっただろう。一流の土を生かしきれずに二流のものを作るより、二流の土でも生かしきって一流の品に仕上げたい》

粘土や釉薬の良しあしで窯場を選ばなかった、濱田の晩年の回想です。作品は 材料に支配されるのではなく、工人の心を映すということがここに読み取れます。

濱田庄司は、〈正しい美〉ということをいつも言います。美に正邪があるのかと思われる方は、濱田の残した作品を見るといいでしょう。濱田庄司が作品を通して示しているのが濱田の正しい美です。濱田庄司の頭には、常に正しいというキーワードがありました。正しい生活、正しい生きざま、正しい行動、それらを自己に課しながら正しい美を考えました。そうして、与えられた益子の土と伝統的な益子の手法で、日常生活に即した品物を作ることを願い、五〇余年間、益子に立ち続けるのです。

釉薬も、益子の地に伝来する釉に独自な改良を加えたもので、装飾技法も益子に根付いたものを発展させたものです。濱田は、こうした技法を他人の目から隠そうとしません。秘伝も何もなく、仕事はすべてを公開しています。釉薬の作り方、焼成のポイント、問われれば相手の顔が納得するまで教えました。

「誰にでも手にいる材料、誰にもできる技術で、いいモノを作りたい」

それが濱田庄司の終生のコンセプトです。

多くのやきもの師が、オリジナルテクニックを開発することに腐心し、珍しい釉薬や斬新な模様で、誰にも出来ない品を作ろうと躍起になる現実にあって、濱田庄司の進み方は泰然として、特異だったのです。

建築家の安藤忠雄は、「コンクリートと鉄とガラスは、現代社会で誰にでも手に入る材料だ」と言います。考えてみれば、そのことは、たいがいの創造世界に通じる話です。ゲームソフトでもテレビ番組でも、アパレルでもクッキングでも、当たり前のことですが、同時代に生きる者は、同条件で情報も材料も与えられています。同条件からどんないいモノを生み出すか。それこそがツクる人間の覚悟なのでしょう。

周囲の形を整えてから何かをはじめるよりも、自分の心を調えることからはじめることが、大事なのです。

銘を刻さない濱田と河井

濱田庄司の作品は、体つきに似て、扮飾ないまま悠然としています。

ある人は強い人間だといい、ある人は気配りの人だといい、ある人は理知の人だと濱田を評します。暖かい人、鋭い方、おおらかな人。どれも濱田の一面をとらえているようです。それらすべてをあわせ持つ、揺るぎない人間でした。自慢話が嫌いで、刻苦勉励の苦心談や、自分のキャリアについては、問われる以外話しませんでした。いつでも、一陶工、濱田庄司のままでした。そんな濱田の作品には刻印も銘もありません。

濱田庄司が、益子で作陶をはじめてしばらくたった、三〇歳の頃です。

「これ、銘が入っていませんよね」

不思議そうに知人たちは同じ事を訊きました。銘と言うのは、私がつくりましたという、作品につけるサインのようなものです。

「できたものは、自分が作ったというよりも、自然に生まれてきた品です」

濱田庄司にしてみれば、粘土も釉薬も絵具も、すべて天然からのいただきモノ。窯焚きには、天気とか風の強弱、寒暑の差、自然のすべてが関係してきます。自分は、仕事の一割もしていないのに、印を押して成果を自分のものに奪う気になれない、というのが濱田の胸中でした。

銘がないと真贋が分からなくなる、と周囲が騒ぎました。

「真似されて駄目になった人はいないし、真似して良くなる人もいないだろうさ。あと百年もたったら、僕のよくない作品は全部贋物になり、贋物のなかの良いものは僕の良いものに含まれて全部僕の本物になりますよ」

そう答えて、愉快そうに笑っていたということです。

こうした考えの原点には、濱田庄司が親炙した先輩たちの言葉があります。

「どんなに小さな破片でも、板谷波山《いたやはざん》のものだとわかるものを作りたいね」

蔵前の高等工業学校時代、濱田が日曜日のたびに押し掛けていた、田端の板谷波山の工房で、師から聞いた言葉です。

「墓碑はいらない、作品こそが陶工の墓だな。作品が作者を語るってことだ」

そう語ってくれたのは、法隆寺のそばに窯を築いていた、富本憲吉でした。

益子に入った濱田は、作品だけで自分を語る、と心に決めていました。

自然を無視してあれこれやってもうまく行かない。自然のはからいが形になる。自分はその手伝いをしているだけだ、と言うのでした。

形は轆轤にまかせ、絵付けは筆にまかせ、焼成は窯にまかせる、という後年の濱田の言葉は、サムシンググレイトの恵みをうけ、自然と調和しようとした濱田の歩みの行き先に待っていた境地です。没後すでに四〇年ちかくになりますが、銘がなくても濱田庄司の風貌は、しっかりと作品に漂っています。似た雰囲気は出せても、濱田庄司の模倣品はきわめて作りにくい、破格の境地に至ったのです。

濱田が銘を入れなくなってから数年後、こんどは河井寛次郎が同じように銘を入れなくなりました。

河井は、一九二五年一〇月に五回目の個展を成功させたあと、一九二九年六月まで、長い沈黙期に鎮まります。

〈陶界の一角に突如彗星が出現した〉〈国宝的存在〉などと、賛辞をあつめてデビューした河井寛次郎ですが、個展を続けながら中国古陶の摸倣に映る作風に悩んでいました。下した結論が、進むべき道が見つかるまで作品発表はしないということでした。

河井は、三五歳から三九歳という男の血気の時期を、四年ちかく閉じこもったのです。

順風満帆の河井の未来を信じていた愛好者は、呆気にとられます。多くの人が河井の決断に、日本の為にならないと騒ぎ、なぜあの麗しい品を作らないかと責めました。

個展を開かないということは、収入の口を閉ざすことです。当然生活は困窮し、心配した熱烈な支持者たちが、支援団体をあわてて発足させるほどの大騒ぎになりました。

河井寛次郎が、そのように退路を断って自分を探そうとした背景には、一九二一年五月に朝鮮民族美術展をみてからの迷いが解けていなかったことや、所詮支那古陶の模倣にすぎない、と柳宗悦に断じられたことがあります。また一九二四年になって、濱田や柳とはじめた民芸品の蒐集活動や、一九二六年四月に『日本民芸美術館設立趣意書』を連名で発表したことなどが、明らかに影響しています。

河井がほぼ四年の沈黙をやぶって、一九二九（昭和四）年六月に、六度目の個展を再開した時、器形はデビュー時の作風とはまるで違った、シンプルで用の美を意識したモノに大転換していました。そして何よりの変化が、作品から銘が消えていたことでした。

このあたりの経緯について、昭和一一年一〇月、柳宗悦が書いています。

《君の名が隆々として聞こえはじめた時、君の作物が国宝だと賞め讃えられた時、真先に不服を申し立てたのは僕である。僕だけだったかも知れない。たくみな三彩も、美しい油滴の天目も、華かな青磁や辰砂も、僕には寧ろ作家の恥だとさへ思えたのだ。尤もそれは君自身に対するよりも、無責任な批評家への抗議であった。もしそれらの作風を今も君が続けていたら、僕はついに君の友達にはなれなかったであろう。

作家としての君の生活に僕が敬念を抱くようになったのは、君の生々しい苦闘をまともに見たからだ。あんなにも一世の声価を集めた作物の様態を、惜しげもなく棄ててかかったからだ。そうして降り来る財物的な恵みをも、躇はずに振り切ってくれたからだ。作家にとって一番誘惑の多い時期を、立派にも闘いぬいてくれたからだ。それは君の一生にとっての大きな革命であったに違いない。工芸の仕事も心の準備に基づくことを、今更に君から教わる。君も何か僕から汲みとってくれたかも知れぬが、工芸に関する問題については、僕こそ君に負ふところが甚だ大きい。君からもらった真理は一つや二つではない》

四年間の煩悶は、河井に確信をもたらし、年を重ねるほどに河井を前人未踏の地平におし進めます。まじめにもがいたことは無駄にはならず、河井ならでは多様な名品を、つぎつぎに誕生させることにつながりました。

岩手県遠野地方には〈焼き上がる〉という言葉があるようです。火災で丸焼けに遭うようなどん底から苦労して立ち上がった時、人間はさらに大きくなれると言う意味ですが、まさに河井は、四年におよぶ苦悩の炎で焼き上がったのです。

以後、河井寛次郎は生涯、作品に銘を刻していません。

「先生、銘を入れないとニセ物が出回りますよ」

「それが素晴らしいなら、それも本物でしょう」

河井寛次郎は、濱田庄司と確認しあったかのように、同じことを言い、銘をいれない作品を作り通しました。有力な支援者から「君は作品に落款を入れなくなったんだね」と不審げに訊かれると、河井は即座に「ハイ、私の作品は、モノ自体が落款みたいなものです、こんなばかばかしいものはだれが見ても河井ですから」と微笑み返したということです。

こうした盟友ふたりの〈無銘〉について、柳は言います。

《これは無銘品たる民芸品に対し、真に謙虚な心構えと敬愛とを示す行いである。署名をしないのは、真の仕事が自分では背負いきれないほど大きな力に依存することを、深く内省していることから発しているのだ。近代では誰も彼も落款をするが、この習慣は昔にはなかった。作り手は、どうして一度無銘の心境に成り下がって、仕事をそこから生み得ないのか》

柳は、無銘が作品に潔い品性を与えていることを説きました。また一方で、モノを使う側の人々に、こうも告げます。
《人々はこぞって在銘のものを愛します。だがそれは銘を愛し、作者を愛しているのであって、美そのものを見つめているのでありません》
何々窯のだれそれが作った皿、だから良い、というような予備知識で選ぶのではなく、美しいと思う心で美しいものをただ見る、それがモノを愛することだと言うのです。
言い換えれば、モノを知識で追いかけるより、ハートで感じることが大事だということになるでしょう。ブランドだけを信用する現代日本人には、傾聴してよい無銘論ではないでしょうか。
濱田庄司は言っています。
《収集家は総てを揃えるとか珍らしいものを見つけるとかに値打ちをかけますが、私は完全に揃うことも、稀少を誇ることも、それほど関心がありません。素直に心打たれたもの、あるいは、とても及ばないと思って自分が負けたものに一番心を惹かれます。ちぐはぐでも、破損があってもよく、また他人の眼にはつまらないものに見えても、気にするには及びません。もしそれが古いものより新しいモノであり、高いものより安いモノであれば、なおうれしいと思います》
三人の判断基準は、モノそれ自体の佇まいにあります。そのモノが社会通念上不良品であっても、頓着しないのです。まして来歴や作者などは気にしません。高級ブランド品や、世界に二つとない巨匠の作品だけが、人をいやしたり励ましたりしてくれるわけではないからです。自分にとって師とも良友とも感じられるような美は、ブランドや金額で選ばずに、自分の直観に頼るべきなのです。柳の警句があります。

《見て知りそ　知りてな見そ》

な見そ、とは見るなという意味です。知るより前にまず見なさい、見ることから知恵や知識が生じても、知識からは真の見方は出てこない、出たところで知の範囲を出ない見方にすぎないと警告しています。柳は直観をもって先ず見よ、かくて知れ、というのです。

言葉や知識はすべてを限定してきます。無銘に徹した濱田と河井、その理解者柳は、心に感じる・響く・映るといった、底から光るような美を感じることの大切さを、我々に刺激的によびかけているように思えます。

Ⅲ　天が与えた心

ともかく前に

朝鮮民族美術館開館の直前、一九二四（大正一三）年一月、三五歳を目前にした柳宗悦に一大転機が訪れます。

京城から上京していた浅川巧《あさかわたくみ》に誘われ、甲府を訪ねました。浅川兄弟の古い友である小宮山清三が集めている、李朝品を見るのが目的でした。

雪を被った八ヶ岳が、頂上部に刷毛目の白化粧をしたようで、冬の青空に鮮やかでした。

「わざわざお越し頂いたのに、火の気のない部屋で申し訳ないですな」

小宮山の挨拶を、柳宗悦は聞いていませんでした。

「小宮山さん、あの彫刻、あれは仏像のようですね」

「はあ、この辺りではたまに出てくる仏さんです。作者は木喰上人《もくじきしょうにん》だと伝わっていますが、詳しいことは誰も分かりません」

それは、朝鮮陶磁器の群れのなかに、なじんで立っていました。

暗い光を斜めから受けた二体の木彫仏が、笑って柳を見ていました。

「これを彫った木喰上人という御方は、途轍《とてつ》もない人だ」

誰も逆らえないような微笑に、柳がそう思った時、

「君を待っていたよ、柳宗悦君……」

不思議な声を柳は聞いたのです。またたく間に二体の仏像に魂を奪われていました。

「小宮山さん、私、まさにいま仕事を授かった気がします。私に上人さんの研究をさせてもらえませんか。この微笑を日本中に分け与える仕事です」

柳は、畳の上に置かれた五〇《チセン》ほどの仏像に近寄って正対します。そして猛烈な勢いで、時空を超越した交感をはじめていました。直観がもたらした烈烈たる感銘でした。この木喰上人の生涯と制作活動を、明らかにしたい。柳宗悦はにわかに決意したのです。

斧で削りだしたような二体の荒い彫刻は、身分の高い者のために彫られたものでないことを推察させました。民衆の安らぎのために、木喰上人という方が創った、祈りの心の美しさを感じます。この数年集めてきた李朝の陶磁器の健やかさに似て、素朴で健康的な、それだけに純な宗教性が宗悦にせまったのです。

「朝鮮民族美術館ができ上がったら、つぎの仕事は、日本のなかにあるように思う」

柳は直観的に、自分のなすべき未来を読みとっていました。

この三カ月後に木喰仏《もくじきぶつ》に導かれるように河井と出会うわけです。さらに木喰仏を探して歩く

旅が、そのまま民芸品調査の旅になります。〈民芸〉という言葉は、三人で木喰仏を探しに出かけた紀州路で、生まれました。

この経験について、柳は自分自身、次のように顧みています。

《木喰仏に会う迄に、三つの準備があった。『白樺』紙上で西洋美術を考察しながら、長いあいだまことの美を認識する力を得ようと努めていた。木喰仏に出会う寸前まで過飾のない李朝陶磁器の収集に熱中していた。もう一つは、ホイットマンやブレイクの詩にふれた幼年期から一貫して、宗教の肯定性と神秘に関し、考察を深めていた》

その延長線上で、会うべくして木喰仏に出会った、というのです。

偶然は準備のない人を助けないといいますが、問題意識を持って進んでいると必ず良き偶然が舞い下りる、これはその最たる例でしょう。

〈他力〉は、前に向いて突き進んでいる者にしか舞い下りないのかもしれません。棚ボタを待つ怠け者に他力は力を貸さないようです。あるいは流れるままに漂う生き方は、幸いに出会っても気付かず、通り過ぎていくのかもしれません。

意識的な毎日を送っていると、自分の欲しいもの、自分に必要なものが見えてくる。次第にそれに近付いていて、ある日正面から出会う。つまりそれが、偶然が手助けしてくれる準備ができている状態です。

苦しみは人間にだけに許された詩情だ、といったのは河井寛次郎です。

河井は若くして後援者の山岡千太郎に出会い、三〇歳で五条坂に登り窯を持ちます。山岡の紹介で高島屋の川勝堅一《かわかつけんいち》に出会い、川勝の尽力でデビュー展を成功させるなかで、柳宗悦が開催していた朝鮮民族美術展を見に行き、ショックを受けるのです。

河井のうけた衝撃は、講演会や新聞社の取材などで〈自然に帰るべきだ〉と訴えながら、名品の技術復元にこだわっている自分に疑問を持っていた故のものでした。問題意識があればこそ柳宗悦が見出した李朝の庶民的な陶磁器に痛撃されたわけです。

だから忌々しくもあり、濱田に誘われても素直にしたがえなかったのですが、ついに腹を決めて柳のいる吉田山に出掛けていきました。その選択は結果として、その後の日本を揺るがすほどの出会いになるのです。

濱田の場合は、何と言ってもバーナード・リーチに出会ったことが大きいでしょう。

府立一中の学生だった一六歳の頃、濱田はやきものの道に進みたい、と学ぶため画廊に通っていました。銀座の画廊で二四歳の富本憲吉と二三歳のバーナード・リーチの颯爽とした姿を遠くから見詰めていた濱田少年でした。二四歳のとき富本の紹介で憧れのリーチに会い、リーチに認められ、英国に出掛けたことが、大きな気付きや学びを与えてくれました。

帰国した濱田は、行灯皿で河井を日本の伝統に振り向かせ、木喰仏を見に行こうと河井を連れ出し柳に引き合わせるという、大きいターニングポイントを演出します。

リーチが誘った英国留学は、明治生まれの日本人としては珍しい生涯に五七回も海外に出ることにつながり、濱田をインターナショナルな master of craftsman に導くのです。

三人の年譜を眺めると、驚くほど次々に色々な出会いが展開しています。出会いが出会いを呼び、人にもモノにも邂逅し、経験があらたな経験をまねくといった、数えだすときりがない、ミラクルとも見える連鎖です。

〈何もない　見ればある　見尽くせぬものの中にいる〉と言ったのは河井ですが、ともかく前に前にというのが、三人の歩み方でした。その結果が、花も実もある、豊かな一生となって輝いています。

作るために見る

民芸運動が〈眼の運動〉だと言われるのは、モノの見方に、三人の独特の視点があったからです。

《わたしと濱田は土を待たなければ仕事にならないが、柳は眼一つで民芸という大河をさぐりあてた……大した作家です。駒場の日本民芸館は柳の作品だといえます》

河井が、柳についてそう言っています。一方柳は、河井のことをこう評します。

《河井は受取り方の名人である。人に会う場合でも、品物を眺める場合でも、その価値の受取り方が並々ではない。他の人には無とも思えるものから、有を引出してくる。実際無であるとしても、有で受取る。否、受身で受取るのではなく、積極的に汲取ってしまう。対象物が同一であっても、誰でも河井のように受取れるわけではない。河井あっての受取方である》

そうした河井を表すエピソードがあります。

昭和九年八月、三人にバーナード・リーチを加えた一行が、九州に旅した時のことです。

《鹿児島で古道具屋をあさった時、河井は、三つの短い足のついた鉄釉の小土瓶チョカを見つけ出した。苗代川《なえしろがわ》産の黒もんと軽視されている安もののチョカを、河井は片手に高くささげ、眺め入って歓声をあげた。何かをそこから受け取った河井は、まるで子供のように、その夜それを枕元に置いて寝た》

河井寛次郎の長女須也子にも、父の独自性を物語る思い出があります。

父と娘がある展覧会に行った時のはなしです。

彼女がキャプションを読もうとすると「そんなものを見るな。おまえの目で見ろ。よその人が一度使ったフィルムで二度写しするようなことをするな。自分の目でモノを見なきゃ本当じゃない」と叱ったと言います。

三人が美しいと感じて、日本中から掘りおこしてきたものを見渡すと、今までの美の価値基準とおどろくほど違っていました。名も無き工人によって作られ、下手と呼ばれていた雑器の山には醜いものが本当に少なく、そして作為という傷もありませんでした。それらは自然であり、無心であり、健康であり、自由でした。

《ただ観たのです。そうして愛したのです。集めまた用いたのです。日々それらのものと親しくくらし、見つめてはまた省みたのです》

そう柳宗悦は語ります。〈ただ見る〉の繰り返しから、民芸運動は発展していきました。

そして、一九三六年の日本民芸館の設立にいたります。

では、日本民芸館が完成したのち、かれらはどうしたのでしょう。

やはり見続けました。

《日本民芸館に来る人は多いが、濱田庄司ほどモノをよく見る者はいない。いつもくり返しよく見ている、何度も見ている品でもはじめて見るようにして何かを新しく汲み取って帰る。濱田の作品はその確かな受取証である》

柳宗悦の濱田評です。濱田がモノを見る時は人が変わったようでした。目を輝かし、手に取って撫でまわし、入念につぶさに鑑賞しました。品々の深い声を一心に聞きだし、その根っこにある滋養分を目からとり入れるかのようでした。

自分が惹かれるのはなぜか。その訳を目の前の存在から明晰に読みとろうとしたのです。

世界を駆け巡った濱田は、生涯、各地でモノと出会うことに情熱を注ぎました。

《私が物に出会って、いいなあと思う時は、私が負けた証拠だ。勝負は一瞬にすみ、それから貰うものはほとんど済んでいるが、相手の品はできる限り手に入れて、いつまでも品物からうけた恩を大事にしたい》

自分が負けたと直観した品は持ち帰りました。五〇年間にわたる蒐集は、世界のあらゆる土地のあらゆる品におよびます。やきものに限らず、木工、繊維品、染織、金属、石、紙、書籍までもが対象でした。

《重要なのは、表面に見えていないものです。モノの根が問題なのです。根の中に、モノの真の力、本当の強さがひそみます》

《これらの品々を栄養にしたからこそ、私は自身を深めることができました。そしてかれらは私を見守ってくれています。蒐集品は、私の仕事が少しでも後退すると警告を発するでしょう。それが、私が感謝とともに品々を保存しておきたいと望む、もうひとつの理由です》

そうした濱田の目は、深みが違うという評価が定まり、みんなが集まってきます。

《これらの品は、自分の眼が選んだ心の食べ物で、私がモノを生むための栄養源です。残っているのは食べかすですよ》

と言っては、まわりを笑わせるのが常でした。

そういいながらも濱田は、新しいインスピレーションのために、何度でも見たのです。同じものを見詰め、魅力の根っこを読み解き、問われれば誰にでも、自分が聞いたモノの声をよく語り伝えました。

その語り口は洒脱な辻説法のように聴く人を魅了したということです。

河井寛次郎が〈熊の子〉といって目を掛けた棟方志功《むなかたしこう》は、〈下手くそ〉に対して〈上手くそ〉という言葉を使っています。上手なだけでもつまらない、うわべの巧みな技術だけでは心を打たないという意味でしょう。その棟方志功が、書いています。

《しゃぶって、齧《かじ》って、舐めてでも、自分が見ているモノから仕事の元を確かめたい》

すでに読んだ本、前に見た映画、一度聞いた落語。あなたは既体験のそれらを、すべて理解したかのように、打ち捨てていませんか。

脳科学者にならって言うと、人間は興味というスイッチが入ることで深く思考したり、独創的な発想をしたりすることがはじまります。どんなに明晰な頭脳でも、興味が立ちあがらないと動きません。見たモノでも、自分がまだ気づいていないことがあるかもしれない、と再度興味を抱くことで、脳にスイッチが入ります。

まず見る。見るときは自分の眼で見る。そして何度でも、奥深くを見るのです。技術を継承するためではなく、モノにある生命感をつかみとるために見る。

こうしたことが、三人の活動の下地になっていました。
《井の中の蛙は同じ空しか知らないが、誰よりもその空の深さを知っている》
と河井は言っています。
深く見るということは、人間の思惟の働きの扉だということです。

三本脚の男

ロンドンのハイドパークの南に、今も百年前と変わらない姿でヴィクトリア・アンド・アルバート美術館が建っています。世界中から観客を集める世界最大の工芸美術館です。

明治末から大正にかけて、そこに通いつめた二人の日本人がいました。一人は一九〇九年頃に通った富本憲吉、もう一人が濱田庄司です。どちらも一九五五年に人間国宝の第一号者として同時に認定を受け、その後文化勲章も受章した日本陶芸界の綺羅星です。

濱田庄司が、リーチに誘われて渡英したのは、一九二〇年六月から一九二四年三月までの期間でした。その間、濱田はヴィクトリア・アンド・アルバート美術館に幾度と足を運びました。

ヴィクトリア・アンド・アルバート美術館の、セラミックフロアーの収蔵品の量、分野、地域、時代の奥行きはけた外れで、関心のない人間にとっては、いたずらに大きい骨董屋にすぎないのですが、関心を持って入ってくる個人には、圧倒的なパワーで、やわな感受性など破壊するほどに迫ってきます。

濱田は、その何万とあるセラミックの収蔵品を、何度も見て回りました。見たと言うより、古今東西の陶器の作品群の海に身を浮かべて、自らの生息できる海流を探したと言えるでしょう。

彫刻とか絵画を意識した装飾陶器の、技を競うかのような細かい模様や、写実をこらした描画のたぐいを見て、濱田は、あんな事はしたくない、自分には出来ないし向いていない、と直観的に思いました。展示品の大多数を占める装飾性の高い陶磁器の海域では泳げない自分を認識します。それよりも、一八世紀のイギリスの台所用品であったスリップウェアなどの、土そのものが人間のぬくもりを語るような品にひかれました。自分を生かせるのはこちらの海だ。そのことを、幾重にもつみあげられた陶磁器のごった煮のフロアーで、濱田は強く意識したのです。

濱田庄司がやきものの世界に進もうと決意した遠因にルノアールがいます。濱田が進路を決めかねていた一六歳のころです。ルノアールの次の言葉を読みました。

《フランスには、大変多くの美術志望の青年がいるが、なぜみんなが絵を描きたがるのだろう。三分の一でも、工芸の道にはいってくれれば、才能のある人が出て工芸の質も大きく向上するだろう。世のなかの役に立つ工芸家を目指す若者が増えてほしい》

世の中の役に立つ。やきもので役に立つ。額に汗して社会に協同する。

一瞬にして濱田は、胸の奥深くに、消えない強さで、自分の未来を焼き付けました。

それから一〇年、東京高等工業学校で学び、京都陶磁器試験場で学んで、当時の日本国内では最高レベルの窯業技術者に成長して、英国にやってきました。そしてロンドンから列車で七時間、大ブリテン島の西の端、セント・アイヴスに降り立ったのです。

早速、リーチ工房の場所選びがはじまります。リーチの支援者ホーン夫人に案内されて行った場所は、町外れの丘の上で、牧草地の只中でした。

「ここには水があるし、登り窯を築くには適度な傾斜が必要だしね」

幅二《メートル》程のステナックという小川と、ランズエンド街道に挟まれた、その九百坪ほどの緩やかな傾斜地を、二人は選びました。

草を食む牛のカウベルを聞きながら、二人で窯場の地割をして整地にかかります。そこからが大変でした。地面は石の薄片だらけで、一ヵ月たっても平地にならないのです。

「どこもかしこも石ばっかりだ。牧草地が石垣で囲まれている理由はこれだね」

できるだけ表情をほころばせてみたが、心は晴れません。

石が多いのはリーチのせいではないのに、リーチは気にしておし黙ったまま、濱田と目を合わそうとしません。その向こうでは、荒野に貼りついている潅木の枝が、風に吹き曲げられて一方向にかしいでいます。

自分もあんなふうに屈服するのだろうか。濱田は珍しく挫けそうになりました。どういうわけで、こんなにごつごつした場所へ着いてしまったのか。うち沈んでいく濱田庄司がいました。

それでも濱田は一年ちかくかかって、日本風の登り窯をリーチのために完成させます。さらに技術者としての知識を駆使して、粘土を探し出し、それに合う釉薬を作り上げます。

濱田が帰国する時が来ました。

「ハマダには心から感謝しているよ。君の人間力は非凡だ。ずいぶんと不自由をかけたのに、いちども文句を言わなかったよな。ハマダが怒ったのをみたことがない。ハマダの並外れた忍耐力に、僕はお礼の言葉が見つからないよ……一緒にいて君ほど心地よい人間はいない、足が三本あるのかと思うほどゆるぎなく立っている、きっと日本でいい作品が生みだせるとおもうよ」

才気に富んだ相棒を失うリーチが、やるせないため息で、小さく笑ったのでした。

のちにリーチは言いました。

《濱田庄司は、自らの知るところを知っている人である。希有の人柄である濱田の指導には、安んじて従うことができる。一緒に旅していると、どこへ行っても、人種、階級、民族のいかんを問わず、あらゆる人々が彼に感応してくる》

また、濱田の仕事を〈土メグミ　火メグム〉と評した柳宗悦は、こう言います。

《濱田の仕事を振り返ると、彼の行動が如何によく準備された行動であったかが分かる。いつも危なげない仕事振りだった。彼は常に大通りを確かな足取りで歩き、仕事振りには常にバランスが備わって、一歩一歩大地を踏みしめている》

司馬遼太郎が、七〇歳のころの濱田庄司に偶然出会った思い出を、

《ほんものが向こうからやってくるのをみて息をわすれる思いだった……濱田さんは、若いころから無私な人柄であったらしい。さらに卓越した知性と感覚にめぐまれていたし、またその思想家としての風骨も、生来のものであったようである。この人自身が光をもっていたために、若くしてよき友人にめぐまれた》

と『街道をゆく』で紹介しています。

濱田のまわりには、似たような賛辞がいたる所に残っています。こんなにも周囲から信頼された男の生涯は、見事の一言ですし、うらやましい限りです。

現在ヴィクトリア・アンド・アルバート美術館には、バーナード・リーチの作品と並んで濱田庄司の小品が展示されています。筆者はここにこそ、濱田庄司の流し掛け大皿などがあってしかるべきと思いますが、それはともかく、濱田は、そこに自分の作品が収蔵品の一部として展示されることを想像だにしていなかったでしょう。

《濱田の造形感覚のなかには、日本、朝鮮、中国はもとより、他の諸外国の伝統も受けつがれていることがわかる。たとえば、英国からは昔のジョッキの把手、ドイツからは初期

塩釉の手法などを指摘出来る。あまり目立たぬが、スペイン、古代ギリシア、ベルシア、多岐にわたる世界を追跡したしるしも見られる。それらを結合して、生きた形、色、様式を新たに生み出した》

濱田の足跡を、右のようにバーナード・リーチが評します。濱田は、世界中からくみ上げた滋養分をもとに、新たな濱田様式を生み出しました。

ヴィクトリア・アンド・アルバート美術館のその場所に立つと、遠い目標にむけてまっしぐらに一本道を歩き続けた濱田庄司の人生が、輝いて浮かんでくるようです。

よろこびの人

「……何という美しいモノじゃ、凄い形じゃ。わしに同じモノを作れと言われても作れん、これ以上作りようがない。究極の形だ。これは誰が作ったと思うか、この凄い形を作った者を探すなら、それは用だ。用途がこれを作ったんじゃ」

喜びを語る河井の言葉には真にせまるものがありました。

《……河井くらい悦びを激しく受け、鮮やかにそれを語る友を私は知らない。河井と旅をすれば、何を見ても買っても河井の悦びが底抜けで、皆の悦びを倍にしてくれた。汽車に乗ればすぐ荷を解いて眺め直す。宿へ着くのを待ちかねて、その日の獲物を酒の肴に撫でさすっているうちに、悦びが溢れてこらえかね、またたびを貰った猫のようにたわむれ、ほうけた。つられて私達まで涙が出た。旅から帰った当座は来客のたびに収穫を見せてあきもせず、悦びの反芻はいくたびでも生き生きと新しかった》

人一倍感激屋の河井を、濱田はそんなふうに書いています。

気に入ったモノに全身で浸りきる河井寛次郎が、言います。

《見れば何でも出て来る世界。探せば出ないものはない世界。掘れば何かが出て来るように、見れば何かが現われる。モノは隠されてなんかいた事がない。むき出されてころがっている》

非凡な感受性と、鋭い審美眼。美しいものを引きよせる強力な磁力。河井は、受け取った感動を、自分の仕事のなかに融かしこむように活かしていきました。変幻自在に作品の血肉にしていく闊達さは、他に比べるものがいません。

そうして行きついたのが、喜びの境地でした。

河井寛次郎の喜びのすがたを示す新聞記事が残っています。昭和一六年六月、大阪毎日新聞に掲載された『生活に美を見る』と題する談話です。

《美術展などにならんでいる作品だけがすばらしいものを持っていると言う概念にはもういい加減におさらばして、各自が自分たちの生活から物を見て貰いたいものである。生活で見ろということは、よそ行きの心や態度を捨て、もっと自分たちの生活の中に対象を選べという意味である。美しいモノは、われらの身の周りに、食卓の上に、台所にいくらでもあるはずである。それらを探し出し楽しむ態度こそ真の鑑賞の態度であると思う。美とは生活の中におけるあらゆる事と物から発見する喜びでなければいけない。私は先年東北地方を旅して、農村の子供が履いている藁靴の美しさに驚いたことがある。もちろん手製の品であるが、装飾は単なる装飾ではなく、ある個所を特別強めるための、立派な構造上の根拠を持っている。それは非常に質素な美しさにあふれ、父母の我が子に対する愛情が輝いているように思えた。これこそ真の生活の中にある喜びであり、美であると思った》

寛次郎にとって美とは、〈あらゆる事と物から発見する喜び〉でした。創作においては、〈喜びのないときが失敗だ〉と明言します。そして、〈喜ぶ者は皆美しい〉と語ります。

寛次郎に言わせると、恵まれていない者はないのです。恵みを拒んでいる人間がいるのです。幸せは求めなくても与えられるもので、幸せをつかまえなくとも皆幸せにつかまっています。そのことを、〈助からないと思っても助かっている〉と詞に残しました。

《人間は善美の中にいながらこれを拒む事に努力している贅沢者。こんな贅沢者さえ善美は包む。放ったらかされてはいないのに、人は放ったらかされていると思いたくて仕方がないのだ》

同じもの与えられながら気付かずに曲げて受け取る人間に、人間は美しいもの見に来たのだ、醜いものを見るために生まれたのではない、と諭します。

《人の命というのは、喜んでいるよりほかには生きてはいない。悲しんでいても怒っていても、しんそこは喜んでいる。意識の下層部にいる生命は怒りや悲しみや苦しみ、そんな外側のものではどうする事も出来ない。生命はそんなものではかすり傷さえも付かない。生命はどんな事が起こっても喜んでしかいない》

そして〈生命の正体は歓喜〉と、はるか高みに到ります。

ただし喜びを一人占めにする寛次郎ではありません。

寛次郎にとって喜ぶことは〈身体に灯ともす　全身にともす〉ことになります。

すると自分の所在を示している提灯のように。暗闇の中に平和の穴をあけられるのです。

《自分を明るくしているだけではなく、ぐるりをも明るくしないではおかない提灯。自分を焼かないように、他をも焼かない灯。向うよりは足下を見さす灯。小さいけれども大きな夢を見させる灯。穏やかではあるが、人を照さないではおかない灯》

そういう自分を意識していました。河井は提灯の灯にたとえていますが、私には河井が、自光している恒星のように思われます。

《いのちはたつた一つの目的を持つ　生き切るというたった一つを》

生きていることは喜びであり，そして喜ぶ人は皆美しいのです。

かしこまる心

河井寛次郎は、神々の国、出雲の人です。神仏を敬い、自然とともに敬虔に生きている大人たちを普段に見て育ちました。河井は晩年「私はお百姓さんと同じ気持ちで仕事をしています」と語るようになります。

そのころの河井は、きっとこんなふうに後輩たちに語ったのでしょう。

「子供のころは君たちだって小鳥のように何にでも驚いたはずだ。いろんなことを経験して鈍感になった……驚きというのは何ものか。それは不思議なものに出会った時の血の沸騰、新しい世界を見た興奮。その渦巻をわれわれは喜びと言っている。喜びは躍動して、子供は思はず知らず手をたたく。しだいに感謝が湧いてくる。手を止めて合掌する……合掌は果てることのない拍手なんだな……ここで人間は初めて動物に訣別するわけだ……じゃあ聞くがね、家の屋根はなぜ合掌したのだろう。屋根が手を合せたというのはどう言う訳か……わしゃ思う、雨露も風雪も大きくは自然のめぐみじゃ、恵みにお礼を言はないですませるわけがない、それで屋根は合掌した。人々のくらしが冠るのにこれ以上の帽子はないじゃろ。屋根が合掌しているのは、われわれの代わりに屋根が天地に感謝してくれている、つまり家に祈られて人間は生かされている……従いましてじゃな、わしゃあちこちにお礼が言いたくなる。祈らないではいられなくなる」

昔の日本人は、柿の実を一つだけ、〈木守り柿〉として梢に残しました。今年の実りに感謝し、来年もよく実りますようにと願う心です。冬を迎える野山の鳥たちに残しておく心づかいでもありました。猟師は、獲物の一部を山の性霊に捧げ、木こりは、一本の大木を頂くため、仕事の前に山の神を祭りました。天然自然を敬い、万物との共存を願う普通の日本人がいたのです。

河井寛次郎を民芸へ深く交わらせたのは、自然と共存してくらしていた故郷が教えてくれたつつましい祈りの心です。出雲の風土から貰った伝統的な倫理感です。

寛次郎は、謡曲の『鉢の木』が好きでした。旅の僧に一夜の宿を乞われた貧しい男が、僧をもてなすために薪がないからと、大事にしていた鉢植えの木を切って焚き、精一杯のもてなしをする、という話です。

娘の須也子さんが、思い出を書き残しています。

太平洋戦争末期のこと、開くと数メートルもある巻紙の手紙が届きました。

寛次郎と同郷の、落柿舎《らくししゃ》の庵主、永井瓢斉からの分厚い手紙でした。寛次郎から貰った陶器を、空襲でいつ失うかもしれない、と寛次郎の沢山の作品を描写して色付けした、長い絵手紙でした。

新聞紙をトイレ紙にしていた紙不足の時代です。二〇歳前の須也子は、来客がトイレでつかう落とし紙の調達に娘心を悩ませていました。彼女は、心ともなく絵手紙を裂いてしまったようです。この紙なら来客に使ってもらえると、心のはずみでした。

それを目にした母親が、驚いて叱責します。母から永井瓢斉の手紙の真意を教えられて、取り返しのつかない事をしたと、須也子は真っ蒼になりました。

仕事場に謝りにきた娘に、父の寛次郎は、

「お前がお客様を思ってした事だ、案じるな。お前は『鉢の木』の主人と同じだ、良くできた。私があの謡を好きなわけをおまえはとっくに心で理解してくれていて、うれしいよ……永井君は、これを聞いたらむしろ喜んでくれるよ」

そう言って許したと言うことです。

河井寛次郎の手紙には、勿体《もったい》ない、冥加《みょうが》に余る、有難い、忝《かたじけ》ない、そんな言葉があふれています。民芸の品々から照射されるように祈りを受け止め、自身の中にも謙虚な美しい心情を育んでいたのです。

河井寛次郎は、大声で人を叱責したり、不機嫌でいら立ったりすることなど一度もなかったと言います。自慢話に聞こえるような話を自分からすることもありませんでした。家族でも、河井が不満や人の陰口悪口などを口にするのを、ただの一度も聞いたことがありません。

製作中の彼は、水のように、まことに静かなものでした。樹木を愛し、花が好きで、仕事も室内でするより藤棚の下ですることを好みました。夏は上半身裸になってもくもくと仕事を進めます。殺虫剤をこのまず、蚊取り線香の煙を流すだけ。簡素、誠実、健全が服をまとったような男です。名誉といったものには無欲恬淡、見向きもしないところがありました。ですから人と競うような公募展などは嫌いで、無関心でした。河井にコンペ参加のはなしをすると、「それは願い下げです。あしからず」と拒否するのが常でした。

そんな河井寛次郎の作品が、一九三七（昭和一二）年のパリ万博展覧会と、一九五七年のミラノ・トリエンナーレ工芸展で、二度にわたってグランプリを受賞しました。

河井の支援者であった高島屋の川勝堅一が、自分のコレクションの中から寛次郎に内緒で出品をしたのが、二度とも受賞したのです。

その賞状を川勝が届けにくると「そういうものをいただくのは困ります」と寛次郎は受取ろうとせず、よわり果てた川勝がむりに置いていった賞状を、寛次郎は文字の書いてあるほうを壁に向けて、押入の奥にしまいました。さらにその手前に客布団を積み上げげて、眼に触れなくしました。何年もたってから家族が賞状を見つけたということです。

河井は、グランプリの賞状どころか、人間国宝や芸術院会員への推薦も辞退しています。推薦されていることを、家族にすら話したがらなかったようです。

極めつけは文化勲章を辞退したことでしょう。

これまでに文化勲章を辞退した日本人が四人います。新しいところから、一九九五（平成七）年の杉村春子（女優）。一九九四年の大江健三郎（小説家・ノーベル文学賞受賞者）。一九六八年の熊谷守一（画家）。そして一九五五（昭和三〇）年の河井寛次郎です。

一九五五年当時、文化勲章の選考委員のひとりに、パナソニック創業者の松下幸之助がいました。

「ぜひとも寛次郎さんを、関西から自分が推薦したい」と、推薦のために必要な書類を使者に持たせて、河井寛次郎のもとを訪れさせました。だが寛次郎は、「そんなおそれ多いものはいただけません。立派な人はほかにたくさんいますからそちらへ」と、その書類にサインをすることを頑としてこばみました。

ただ、手みやげに渡されたナショナルのトランジスタラジオには感激して、「私にはこれが何よりの文化勲章です」と、発売直後のそれを喜び、その後何年も大事にしていたということです。

河井は決して文化勲章を軽視したのではありません。

「陶器というのは、一人で出来るものじゃない。薪をつくる人、粘土をこしらえる人、荷馬車でそれらを運んでくれる人、いろんな人の労働があって初めてやらせて貰える。わずかばかり釉薬ができる、形ができるということで、自分だけ文化勲章をちょうだいするというのは、どうにもおこがましい」というわけです。徹底した無銘ぶりです。

《一人の仕事でありながら、一人の仕事でない仕事》

そんな風に、河井寛次郎は自分を支えてくれる人のことをいつも考えている人間でした。

国際展で二度もグランプリを受賞した世界的な巨匠でありながら、生涯一陶工を名乗り、市井の人として生きました。謙虚な生きざまは、理屈ぬきに美しく輝いています。

河井寛次郎にも濱田庄司にも、仕事において威張らないという共通の特徴が見受けられます。有名になっても、そっくり返ることはありませんでした。それよりも何者かに対して常に謙虚でした。自分がひたむきに邁進できたのは、何者かの力がささえてくれたから、とかしこまる見識が見受けられます。

「自分がしているより、何者かにさせられていたという感じがあるんです。自分一人の力ではなくて、なにか大きなものが働きかけたんじゃないかという感じがしますね」

サムシンググレイトにたいし謙虚な心が、かれらに人間としての品格を与えているようです。

その品性のまわりに人々が集ってきたのです。

なにかとあやふやな憂き世で、人間が背筋をのばして立つためには、そういう見えない力にたいして、かしこまった気持ちを持つことが必要なようです。

生まれついて自分中心にしか考えない人は、好事家にはなれても創作家には不向きなのかもしれません。

認め合う幸せ

一九二六年四月に日本民芸館設立趣意書を発表した時は、四人の連名でした。富本憲吉、河井寛次郎、濱田庄司、柳宗悦の四人です。もしバーナード・リーチがその時点でまだ日本で活動していたなら、彼の名前もおそらくそこにあったでしょう。

ここに到るかれらの交友には、天の配剤としか思えないようなめぐりあわせの連続が見られます。

バーナード・リーチが単身日本に来たのは、一九〇九（明治四二）年四月でした。西洋美術に憧れながら『白樺』創刊の準備をしていた柳宗悦や志賀直哉が、リーチにエッチングを学ぶために彼を訪ねたのがその年の秋です。

一年後の一九一〇年七月に、英国留学から戻った富本憲吉が、上野に住んでいたリーチを訪ねます。きっかけは、帰国の船中で、リーチを訪ねて東京へ向かっていた英国人と知りあった事でした。

リーチは、エッチングからやきものに転じて、富本憲吉の通訳で六世尾形乾山《けんざん》に入門します。柳宗悦は、リーチを介して富本憲吉と知り合いました。やがて富本憲吉は、リーチに通訳をするために、やきものを理解する必要から小さな窯を自宅に持ちました。

一九一二年二月、『白樺』主催で、ロダンから贈られたブロンズ像三点を中心にした展覧会が開かれ、そこにリーチの作品が併設展示されました。それを見に行ったのが東京高等工業学校に通っていた二一歳の河井寛次郎と、やきものに進むことを決意したばかりの一七歳の濱田庄司です。河井はそこでリーチの作品を購入しています。濱田はその頃、リーチの作品が展示されている銀座周辺の画廊を何度ものぞきに行き、そこに出入りしているリーチと富本憲吉の後ろ姿を憧れの眼で眺めていました。

一九一三（大正二）年秋、東京高等工業学校で知り合った河井と濱田は、三年後の一九一六年、京都陶磁器試験場で共に働きはじめます。京都にきた濱田庄司が、富本憲吉を奈良に訪ねたのも、同じ一九一六年の秋です。富本は、故郷の法隆寺の近くの安堵村に戻って、本格的にやきものをはじめていました。

濱田は富本からリーチを紹介してもらい、一九一八年末の神田流逸荘《りゅういっそう》でのリーチの個展に出かけていきます。するとリーチが自分の工房に来るように招きます。リーチは、我孫子の手《て》賀沼《がぬま》湖畔にあった柳宗悦の敷地の中に工房を築いていました。

濱田が我孫子にリーチを訪ねたのは一九一九年五月でした。当然柳を紹介され、偶然来合わせた『白樺』同人の志賀直哉とも親しくなるのです。

逸材たちが、たがいを呼び合うようにして、かれらは出会を繋ぎ合せていきました。そして、この輝く星たちは、生涯にわたって友情を守り続けました。

ただ、富本憲吉一人は、明らかに袂を分かった事になっています。きわめて大雑把にその背景をいえば、富本憲吉の〈個性ある芸術家志向〉と、柳宗悦の〈無銘の職人こそが生める美という民芸のコンセプト〉が、しだいにかみ合わなくなったということでしょう。

この点について、熱烈な富本ファンは、民芸とはあきらかに違った作品群で、一線を画した富本憲吉を主張するでしょう。一方民芸好きは、富本が四〇歳のとき日本民芸館設立趣意書に名前を連ね、四五歳の時には雑誌『工芸』の創刊に、四七歳の時には銀座に作った民芸専門店〈たくみ〉の発起人に、三人と共に名を並べていることをあげて、源のところでの同質を言うでしょう。富本憲吉のこの経路は、二七歳の富本が〈民間芸術〉という言葉で生活雑器に注目していたことにはじまっていると考えられます。

同じ故郷の人間であっても同窓の仲間であっても、必ずしも生涯の友とはならないのが現実ですが、富本が六六歳になった時に河井、濱田との三人展をやり、六八歳の時にリーチも入れて四人展をやっていることを見ると、北大路魯山人《ろさんじん》が徹底して民芸派を攻撃したような関係にはなっていないようです。ある一時期は明らかに別のルートをたどっていますが、老いてのちには同郷のよしみを抱く心はあっただろうと思われます。

個人作家として、創作上妥協できない性格の富本憲吉がいたのでしょうが、すくなくとも、柳や濱田の方からは、富本を理解する気持ちは終生失われていないようです。富本は昭和三八年六月八日永眠しますが、一〇日の毎日新聞には、河井の『比類ない孤高の人』、濱田の『〈用と美を結んだ先覚者〉富本憲吉さんのこと』という追悼文が寄せられています。

人間の脳の理解力、思考力、記憶力などの力は、対象に対する最初の感情によって結果が大きく違うのだそうです。脳に力を発揮させるには、そのことをおもしろいとか、好きだという気持ちになれるかどうかで、差が出ると言うのです。

欠点や気に入らないところを探すより、長所や好ましいところを見つけ、まずは対象に興味をもって受け止めるのが一番大事で、なんか違うなという気持ちでつき合いがはじまりそれがふくらむと、相手がモノであれ、学問であれ、人間であれ、いつか違和感が拒否に転化して、脳がシャットダウンされてしまうようです。

じゃあどうするか。違うものは違うものとして認める気持ちが必要です。とくに相手が人間の場合は、自分との違いを肯定的に認める度量があるかどうかがポイントです。

これがその後の関係を生産的なものにできるかどうかに繋がってきます。

柳宗悦、河井寛次郎、濱田庄司の三人が民芸に出会った三〇歳前半の頃は、おそらく志は一つに重なり、あつく燃えたぎっていたはずです。

ところがそれぞれが力をつけてくると、個性が出てきます。

批評家柳の論述と、実作者であった河井や濱田の行動には、必ずしも一枚岩でない場面も見受けられますし、発言や行動に微妙な違いも見えてきます。

同じ民芸運動でも、各自がよって立つ力点が違ってくるのです。

濱田は健やかなくらしを確立することに傾注しました。柳は美と信の一致を目指します。河井はつねに新たな自分を探して進むことが原動力でした。

考えてみればあたり前で、互いがコピー人間のようになることはあり得ないわけです。かれらがどうしたかと言うと、始終語りあったが論争をしませんでした。

多少の違いを認めつつ、なるほど、いいね、おもしろいね、と友の眼力を尊敬し、若いころに語りあった互いの志を信頼して、友情をはぐくみ続けたということです。

両雄ならび立たずではなく、龍や虎や鳳凰が緩やかに連帯したからこそ、民芸運動は強い発信力を持続できたと見るべきでしょう。

柳は、三〇歳で書いた初めての宗教論集『宗教とその真理』で、

《それぞれの宗教にはそれぞれの美しさがある。それは矛盾する美しさではない。野に咲く多様な花が、自然全体の美を傷めないように、各宗教も、世界を単調から複合の美へいざなっている》

と説いています。

世界は単色ではありえない、事物の型状は無限だ、というのが柳の出発点です。

柳宗悦の論述には、わりやすく伝えようとしてつい思いが走るところがあり、すると、実際の行動と論述との齟齬が生じます。濱田も河井も、生身の人間が論述のまま生きているのではないことを、片目をとじて見ることができました。柳にしても同じでした。自分の書いたとおりに動いていない濱田や河井に、舌鋒を向けてはいません。心底を見せあった者同士の信頼の

付き合いでした。柳宗悦がぜんぜん違う方向に暴走することもなかったし、濱田や河井が大きく逸れることもありませんでした。

三人は老いてもつねに、原初の泉を意識し、その求心力を活用していたわけです。

鋭い眼と直観をもつ者同士の強い尊敬の念が、かれらをして生涯の友を獲得せしめたと言えます。理論家と実践者がパートナーだったことで、互いを修正することができましたし、それぞれが真面目という能力を持っていたことで、強いエンジンを生みました。その上で、三人は、常に仰ぎ見る北極星のような理念を共有していたわけです。

世の中を動かす時、あるいは組織をたてて事を進めるとき、志を一つにした後は緩やかに連帯する、それが肝要ではないでしょうか。ズレを拡大するような路線闘争をしないことで、弱体化が免れるのです。周囲は安心してついていけるのです。

三本の大樹は、単に微温的空間に閉じこもっていたのではありません。活動しながら、一定の温度を維持して新たなことにチャレンジしていくのは、ぬるま湯的というのではないはずです。春風を自ら招き寄せながら、酷暑でも氷の世界でもない関係を守ってきたのです。こうした関係こそが民芸的な付き合い方だと思われます。

Ⅳ　自分の井戸を掘れ

自分の地下水脈

民芸の第二世代というと、河井寛次郎を師と仰いだ棟方志功（文化勲章受章）や芹沢銈介《せりざわけいすけ》（人間国宝）、濱田庄司に弟子入りした島岡達三《しまおかたつぞう》（人間国宝）が思いだされます。

書きなぐったように見える版画家棟方志功の線を、いくら真似ようとしても、真似られるものではありません。芹沢銈介の型紙による染色技法にも、そうそう近づけないでしょう。芹沢の型紙染色というのは、個々の模様同士のパーツが、必ずどこかでつながっている制約があります。制約の中での仕事です。みずから自由を縛ることで、芹沢は新しい境地を見つけました。

濱田庄司に入門した島岡達三は、師の囲炉裏談義を聴きながら考えました。

「いいか島岡君、材料は、君のも私のも同じだからね。当面は真似をしてもいいが、でもそのうち濱田の香りを消して自分のモノを作り出さなきゃいけない。ただ真似ていると、濱田の駄作は君のモノで、君の秀作は濱田庄司のモノになるからな……だから私は作品に銘を入れない、はっはははぁ」

組み紐を器面に転がして跡を付け、そこに化粧土を埋め込む縄文象嵌《ぞうがん》技法は、濱田の指導をえた島岡の独創です。

民芸の第二世代は、自分の地下水脈を掘れ、あるいは自分の山に登れ、と言う師の教えに忠実でした。

大正時代、洋行帰りといえば、都会のモダンな家に住み、洋風なくらしをするのがあたり前でした。しかし、濱田庄司はちがっていました。「あそこにはなにもない」と河井が心配した辺鄙な益子に、無名の彗星が舞い降りるように飛びこんだのです。

それは、勇気のいるホームグラウンド選択でしたし、見方によれば変人でした。

蔵前の高等工業学校で学び、京都の陶磁器試験所で研究し、英国留学からもどった男は、陶郷の人から間借りを拒み続けられました。一軒の窯元の職人部屋に落ち着くと、今度は雑居の職人仲間から、反社会分子ではないかと危険視される始末です。濱田が英国から持ち帰ったトランクに貼ってある英語のシールを見て警戒し、言葉を交わそうとしてくれません。濱田が村の道をモンペ姿で歩いていると、「モンペもくたら」と子供がはやし立て、なかには石を投げる子もいました。

だが濱田には、そうした窯場の保守的な警戒心が、汚れなき陶郷の証であり、自分の心を健康にしてくれる再生装置のように見えていました。広く西欧を見聞してきたうえに、やきものを科学的知識で語れる一級の技術者が、一〇年以上かけて蓄積した知識をあえて流しさり、自然の理にしたがって生きるくらしに、自立する道を求めようとしていました。

濱田は生半可ではありません。すべてを益子の土地から受け取ろうとしました。土地の人たちが作り続けている、目用雑器から素直に学び、五年、一〇年とさまざまな試みを繰り返すうちに、同じ益子の材料を用いながら、形や模様にいつか濱田庄司がくっきり滲んでいる器が生まれていたのです。

「おのおの、一人一人の地下水脈を掘れ」

濱田庄司は後年、教えを請う者によく言いました。

〈京都で道を見つけ　英国で始まり　沖縄で学び　益子で育った〉と本人が振り返る濱田庄司の航跡は、自分の地下水脈を見つけるための歩みでした。ひたすら歩む濱田の胸中には、まだだ、まだまだだ、つねにそんな呟きがあったように思われます。

一六歳にして自分のたどるべき人生の目標を見極め、黙々と歩み、広大な沃野を切り開いた濱田庄司の人生は、悠々とたおやかな坂道を登り続けた一生に見えます。

《願は大きく立てよ、立てたら向きは変えるな、あとは非妥協一本槍で行け、妥協ほどつまらないものはない》

その見事な生きざまの初期において、だれかのまねは役に立たないと、濱田は見抜いていました。いかなる方法が必要か、自分で考え、道を探し、周到に濱田自身の坂道を進みました。

自分をブラッシュアップし、絶えざる成長を求めました。

周囲の反対を押しきって益子に入ったのもそうですし、古今東西のあらゆる工芸品にわけいり、感心し負けたと思ったモノを熱心に蒐集したのも同じ想いからです。

美しいモノに囲まれて、たえずその滋養を摂取するため、良いモノ以外はみえぬように自分を隔離していたのです。濱田は、自己開発する環境を仕上げていきます。

明らかに意識して自分を育てています。

臆せずに高い目標をさだめ、それを一里塚に歩きつづけ、止まらなかったのです。

低い背丈のまるい体躯で前上がりの道をまっすぐに、逸れることなく歩きつづけ、遥か高みにいたり、いつか雲を抜けて、本人はそのまま天国に到ったのです。


大リーガーのイチローは、「小さいことをやり続けることが、とんでもないところへ到達する唯一の道だ」と言います。孤高最強のクライマーと言われる山野井泰史は、頂きまで行くのには何が必要かと訊かれ、「最も重要なのは強いモチベーション。ただ単純に、この先に上がりたい、頂まで登ってみたい……その気持ちが最も重要だ」と語ります。

どれだけやれるか、と試行する者だけが、とんでもない高みや深みに達するのです。

濱田庄司も河井寛次郎も柳宗悦も、イチローも山野井泰史も、自分の井戸を掘っています。

あるいは自分だけの山に登ったといえます。世間を器用に泳いで渡ろうとする処世術ではなく、最初から自分だけの人生を突き進む生き方です。

目標を見定め、そこにいたる情熱をたえず持ち続け、小さな努力を積み上げる。それは、勉強など必要な時にやればいいという、事にあたっていかに切り抜けるかというような生き方とは姿勢が違います。当人しか分からない苦労の連続でしょうが、さだまらない周りに振回されることもなく、自分の源泉を掘り当て、やがて滔々とした流れを残す生き方がそこにあるのです。

何事も、はじめるに遅すぎるときはない、といいます。今からでも、自分だけの井戸を掘る旅に出かけませんか。それは、今住んでいる世界を諦めるのではありません。あらたな目標を持つことです。

知らない時空に向かうわけですから目標地点の姿は行って見なければ分かりません。何年かかるか分からないが、苦労覚悟で自分の水脈を探して井戸を掘りはじめるのです。あるいは自分の登るべき山を見定めて歩き出すのです。つづけていればその折々の違った風景が見えてきて、過程も楽しめるでしょう。そうなればかなり水脈に近づいたといえるでしょうし、自分だけの山の何合目かに達しているのに気づくでしょう。

自分に誇れる自分になる

柳宗悦は、今から百年前に、雑誌『白樺』の同人としてデビューしました。

「雑器に美があるなんて、柳は変な方向へ行ってるけど、どこへ行くのだ」

「職人にどうして美が生める。金がないから、あんな下手物集めて喜んでいるんだ」

柳宗悦が民芸を称美しはじめると、関東大震災で休刊になるまで一二年半の長きにわたって苦労しあった『白樺』仲間が、民芸なんてすぐに飽きられるだろう、という冷たい視線を柳宗悦に向けけました。

でも柳はクールなまま、活動をやめませんでした。

『白樺』が創刊された二〇歳前後のころの柳宗悦は、ロダンやゴッホ、セザンヌ、ゴーギャンなどの西洋芸術家に圧倒されていた時期でした。紛れようもない個性と自発的な創作力をもち合わせた能動的存在、そんな西洋の天才たちにあこがれて、かれらの芸術を理解するために、自然や人生、自己に対しても、ふかい理解が身に付かなければいけないと考えていました。

不断なる個性の開花で、天才のように生きるのだと信じきっていた時期とも言えます。

明治天皇から恩賜の銀時計を授与され、首席で学習院高等科を卒業して東大に進学したのですが、そのころの柳の関心は、教授から与えられるテーマとはずいぶんとかけ離れたものでした。『白樺』同人の先輩である志賀直哉や武者小路実篤は、東大に進学しながらも、とっくに自主退学していました。柳もどうにも東大がなじめず、しかし、父なきあと女手ひとつで育ててくれた母親の気持を思うと、踏ん切りがつかないままでした。

そんな時、ゆるぎない気持にしてくれたのが、中島兼子《かねこ》の存在です。柳宗悦は、東大に通いながら、やがて結婚する兼子との恋愛を育んでいきます。兼子は、アルト歌手を目指して東京音楽学校にかよう、匂い立つような才媛で、柳は、恋人の兼子が人として成熟することが、自分自身の成長にもなる、と本気で思っていました。兼子に逢うたび、また手紙のたびに、彼女の奮励を要求します。

二人の間で交わされたラブレターが残っています。メールの現代からは別世界のような、精神的な交流というものが窺える手紙の束です。

「普通にしていてはとうていだめだよ。もっと深味のある生活に二人が入るために、もっと多くの努力がいると思うんだ。そのための時間は、自分がつくりだすものだ」

自分たち二人は、おのおのの成果を残していかなければならない。

兼子が中途な声楽家にしかなれないなら、それは自分の責任だと思っていたのです。

柳宗悦のこんな手紙が残っています。

《あなたは、私をいかすために生れてくれたのです。あなたが一個のりっぱな女性となるために、私はまた、あなたに与えられました。二人は、生きねばなりません》

そして、自分に誇れる自分になることが兼子を裏切らないことだ、と自分に言い聞かせます。

恋愛は柳を激励し、前むきにさせます。思想に確信が芽生え、『白樺』にも積極的に寄稿できました。すると、なにかが柳宗悦をひきたててくれるように著述がはかどり、『白樺』同人のだれよりもはやく、出版社から声がかかります。

一九一一（明治四四）年一一月、大学二年で、初の著作『科学と人生』の刊行にいたるのです。

一九一四（大正三）年二月、二五歳の柳と二二歳の兼子は結婚します。

そのころ柳宗悦が取り組んでいたのが、ウイリアム・ブレイクの評論でした。

一九一四年の『白樺』四月号は、巻頭を飾った柳の『ウイリアム・ブレイク』のおかげで、創刊以来もっとも大部なものとなっています。

《歳月は長くブレイクの存在を忘れて、彼に価値を見出すことを怠っている。現代思想の先駆者として、人びとはまだ彼に掘るべき泉を残している。文明の未来にたいして、彼の意義と価値は、深くかつ大きい》

象徴的で、神秘的で、その辞句に独自のニュアンスをもつブレイクの思想は、難解です。それでもブレイクに対する柳の敬愛は、一途に燃えつづけました。ブレイクを研究し、それを発表する喜びは、誰のものでもなく、自分に誇れる自分になるために成しとげた努力でもあったのです。

『白樺』の原稿に加筆して単行本にする過程で、校正を手伝ったのが、新妻の兼子です。

兼子は、手伝いながらほんとうにすごい人と結婚したものだと思ったようです。柳の仕事ぶりは、何かと格闘しているように見えるのでした。

「学問とはね、知的情熱からはじまる宝さがしかもしれないな。誰にでも手に入るものを宝といわないだろう。みんなが欲しがる宝をさがしたいね。幼稚園のころ、家の裏山で、毎日なにか新しいものを発見してワクワクしてたけど、学問もあれとおなじだな」

柳宗悦の二冊目の著書『ウイリアム・ブレイク』は、二人の結婚記念のようにして一九一四年一一月に上梓されました。表紙を麻の布で表装した、分厚くて重い、定価三円の、だれもが目をみはる壮麗無比な一冊でした。

《偉人は彼自身においてつねに完全であり絶対である。著者はこの完全な一人格をとおして、人間そのものの讃歌をここにつづった。讃美すべきものを持つ事は人間の栄光である。生命の本質は向日性である。著者は愛をこの書にこめて、すべての読者に贈る。愛は理解である。理解は出発である》

柳宗悦は、序文にそう書きました。生命の本質は向日性である。人生はＹＥＳだ。人生を大肯定の視点で読み解こうとした思想家としての柳宗悦の、まさに柳らしい作品でした。

一九三四年、四五歳になった柳宗悦はこんなふうに言っています。

《自分たちは、日本の各地に民芸品をもとめて長い旅をつづけてきた。それもほとんど徒歩だった。鋤《すき》や鍬《くわ》で耕すようにしないかぎり、民芸の収穫はなかっただろう》

民芸品探査だけではなく、李朝陶磁器蒐集や木喰仏調査のときもおなじです。自分に誇れる自分になるため、柳宗悦は、いつどんな時も変わらずに歩き続けました。思索を深めながら脚を動かし、旅を止めませんでした。

そうしていると、思いがけず、からだのなかに意欲というエネルギーが、充満してきたのではないでしょうか。その力は、さらにつぎの目標に柳を向けさせます。すると、なぜ生きているのか問いたはずです。――自分が求めているのは、もっと多く生きることだ。生きている度合いをもっと強くすることだ。そうすれば自分に誇れる自分自身になれる。

人間の心のエネルギーは、前向きに消費すればするほどますます増産される仕組みになっているようです。意欲さえ尽きなければ未来になんの不安もないのです。

柳宗悦の人生のどこを輪切りにしても、金太郎アメのように、自分に誇れる自分になるため、全力で取り組んでいる柳の顔が見えます。

柳のすぐれて独自なところは、当時の思想的潮流に簡単に引き摺られていないことです。つねに一から自分で考え、論述を積み重ねていきました。年齢を経るにつれて柳宗悦は深化していきます。その柳の思索のあとは、二五巻の『柳宗悦全集』として残っています。

柳の没後、昭和四三年、毎日新聞が、司馬遼太郎・江藤淳などを選考者として、〈近代日本のこころを追究、体現した日本人〉一六人の人物を選んだことがあります。その中に西郷隆盛・勝海舟・福沢諭吉・内村鑑三・夏目漱石・宮沢賢治などに並んで柳宗悦の名前が入っています。

自分を育てる

《すべては自分で表現している世界。その人にしか属さない世界》
《世の中は自分自身で作っているだけの世界。こちらが変ればあちらも変る》
私たちは、地球上という類似の世界の中に居りながら、一人一人違う独自の世界を持っている。それは自分が作っているもので、あらゆるものは自分の表現、自分の結果だと河井は言います。意識しようと意識しまいとその人次第の、何人も犯す事のできない世界に、私たちは住んでいます。独自の世界に生きるべき覚悟を、河井はこう表しました。
《見ないと、何物もない世界に閉じ込められる》
見えているだけの世界に安住してはいけない。人はつねに新しい開拓すべき世界を与えられている。自己実現や自己拡大においては、限界はないというわけです。どれだけ遠くまで行けるかと進む者だけが、遠くへ、あるいは高くへ、さらに深みにたどりつける。その結果普遍性や真理に近づくのだと、寛次郎はひたすら前進しました。
《自分を乗り越え　自分を乗り越え　自分さがしに》
《向うの自分が呼んでいる自分　知らない自分が待っている自分　何処かにいるのだ未だ見ぬ自分……新しい自分が見たいのだ　仕事する》
あらゆるところにあなたは潜んでいます。知らないあなたがあなたを待っているのです。

《驚いている自分に驚く時がある。驚きというのは、喜びというのは、見知らぬ自分に出会った自分。そういう自分を見付けた以外の何ものでもない》

寛次郎は、こんなところに自分がいたのか、とモノを見つめます。美とはありとあらゆる物と事との中から見つけた歓びだとする寛次郎は、いつも感激や感動を感受していました。喜びの足らない時が失敗だ、新しい自分に出会え、と自分にけしかけて生きました。

国際的な展覧会で二度もグランプリを受賞した世界の巨匠です。それなのに生涯一陶工を名乗り、純粋に創ることに徹した、深い魂の潔い人生でした。

自警『天地の大法に随《したが》い生かされましょう　法を畏《おそ》れ法を尊びましょう

親和と敬愛とでくらしましょう　自他合一を自覚いたしましょう

自分は誰より未熟である事を知りましょう　貧を尊び素に帰りましょう

誠実一途を念じましょう　他を責る前に自分をせめましょう

刻々新しい自分に当面いたしましょう　限りない世恩に答えましょう

素晴らしい自分を見付けましょう　昭和四〇年五月一七日　寛』

これを書いた昭和四〇年と言うのは、世を去る一年前です。七五歳にして、天地を尊び自分を責めよ、と自警した心境が解脱を語っているようです。

河井寛次郎は、まさに明王、菩薩の域に達していたと思います。

新しい自分に出会うために、縛られていない世界で、見放題の可能、し放題の可能を信じ、自分を錬成することをコツコツと続けた一生です。目標を見定め、そこにいたる情熱を持ち続け、〈わしはまだ未完成だ〉と、自分に向けてこれでよしと言いませんでした。

河井寛次郎の残した作品をみると、同じ人間の作かと疑うほど、変化があります。ことに晩年の不定形の時代は、形式や材料にとらわれない自由な創作を花咲かせ、釉薬においても、全く新しい河井自身のものを生んでいきます。そうした河井のオリジナリティを盟友濱田が称えています。

《河井ほど釉を使いこなした陶工は、徳川期以後で他にないだろう。河井は、非常な熱意で釉の芯を奪ってしまう。昔のものをそのまま使うのではなくて、釉は河井の性格的なものを帯びて、河井の創作として生まれ変わる。調合を教えてもらっても、河井のようには生かせない。たいした技である》

人生は多事多難、計画通りにも計算通りにもいきません。不条理に振り回され、どうしてここで自分がこんな目に、と嘆くこともあります。だれにも負けないほどの努力を続けているのに、病におそわれたり、結果が不本意に終わることも結構あるのです。

じゃあ、それが不幸か、努力は無意味かと言うと、勝ち負けや成果においては不幸かもしれませんが、途中の努力は無意味ではありません。

ここでもう一度確認したいのが、53頁でも書いたプロセスでの喜びです。

何かに取り組むときには二種の喜びがあります。ひとつがプロセスで感じる喜び、もうひとつは結果で感じる喜び。この二種です。

「クライミングは本当に楽しい。岩壁にさわって、岩をつかんで、どうやってここを乗り越えようかと考え、その判断を一歩一歩実行して登る。その瞬間瞬間が、本当に楽しい」

山野井の妻妙子さんが、ドキュメンタリーの中でそう語っていました。

明らかに山野井夫妻は、プロセスが楽しいと言っています。最高レベルのクライマーの二人には、一瞬一瞬の楽しみの連続の果てに登頂があります。万が一、手足の指を失うような、あるいは命を落とすような結果になっても、一瞬一瞬の楽しさは刻まれるのです。

皆さんは、一瞬一瞬を楽しめていますか。勝者になることが人生の成功と考え、達成するのが成功者だと思いこみ、それにしばられ、がむしゃらになって、自分を省みることができなくなっていませんか。

全員が勝者にはなれません。極端にいえばチャンピオンは一人しかいません。では、勝者になれなかった人生は失敗なのでしょうか。

全力を尽くしても負けるときはあるし、目標は達成できないこともあります。

そこでもうひとつの価値、自分を成長させる価値が意味を持つのです。

勝者や達成者という役を得ることだけが生きる喜びではありません。勝者だけが主人公でもありませんし、特定の誰かを主役にするために世の中があるわけでもありません。

人間はあまねく主役ですし、あなたが主人公なのです。

自分であることを楽しむため、自分に出会う楽しみのためにわたしたちは生まれてきています。人間として成長し成熟していく、プロセスでの喜びのためにです。

プラモデル作りでも腹筋運動でも、熱中して取り組んでいるとき、生きているという手ごたえを味わった経験はありませんか。自分の能力をフル活動させて集中している最中の、てこずったり悶えたりするけれど何か楽しいあの感覚です。

食欲や性欲を満たす生物的行為は、人間の本能として授かっているので、努力を必要とせずにできますが、それら以外の行為は、意思をもって向かわないと続けることが難しいものです。人間の喜びは、そうした努力を伴う行為に埋め込まれています。

探求、追及、研鑽、鍛練、勉強、精進、修行、工夫、尽力、腐心、奮闘、対応、挑戦。いろいろな日本語がありますが、いずれも努力の状態です。その努力の過程で起きているのは、自分に潜在する能力を自分で引き出し、磨きをかけて更なる高次な能力として身にまとっていく自己育成です。

やがて予期しなかったレベルにまで発揚し、苦労の代償としての能力開発が進むのです。

人間はそれぞれに固有の天分を有しています。大概の人はそれを限定的な領域内で意識するだけです。しかし努力を続けていると、自分でも気づいていなかった能力を自分の手で引き出し、努力のなかで自分の殻を破り、一皮むける。つまり一段階ステップアップしている自分に出会うのです。

皆さんは、自分を育ててくれた親や先生や先輩のやり方を知っているはずです。育てるノウハウにいっぱい接してきょうまで来ました。そのうえ自分のことを一番知っています。つまり、一番自分のことを知っている自分が、これまでに学んだノウハウを調合して、自分に合った方法でもう一人の自分を手塩にかけて育てることができます。

成熟のために自分を育てるという指標を意識すると、ずいぶんと生きやすくなります。競争に勝てなくても、達成できなくても、人生に無駄なことなどないと感じ、全てのことにありがとうと思えるようになります。

喜んでもう一度この人生を生きます、という気分になれるのです。

おしみなく努力し、その途上で能力の発露と拡張を楽しみ、自己のレベルアップを楽しむ。そうして、わき目も振らずに自分を育てることに取り組んでいると、不思議なことにいつのまにか、自分の山にのぼっているのです。あるいは、自分の水脈を掘り起こしているのです。

死を迎えるときを想像してみればどうでしょう。充分に刻苦勉励、一意専心、悪戦苦闘して生きたとするならば、仮に思うような結果が出せなかったとしても、十分に自分の人生に納得して、「よくやった」と声をかけることができるのではないでしょうか。

悲劇の主人公にも我々は拍手を送ります。懸命に頑張った人間を愛し、その人を尊敬するのは自然な情感です。本気で頑張るということは、それだけで輝いています。懸命に燃焼している姿に、だれもがあっ晴れと言いたくなるのです。

右往左往を楽しむ

「最終的に登れなかった経験ばかりだと辛いけど、けっしてそうじゃない。できない動きを何度も何度も繰り返していると、ある日できるようになる。どんな問題でも、いろいろ悩んでいるといつかは解決するということを、長年やってきて自分は経験的に知っている」

テレビの中でこう語る山野井泰史をみたとき、その言葉に、濱田庄司の轆轤に向き合う姿が重なりました。

名だたる大岸壁での単独無酸素登頂を幾度と成功させた山野井泰史には、両手共に小指と薬指がありません。二〇〇二年秋、山野井が夫婦で挑んだギャチュンカン。下山中、雪崩に襲われ、夫人がザイルに宙づりになりました。夫の山野井は雪崩のショックで一時的に視力を失っていました。彼は夫人を救うため、盲目状態で手袋をぬぎ、素手で岩の割れ目を探りながらハーケンを打って夫人を引き上げたのです。この遭難で凍傷にかかり、手足の指を泰史は一〇本、妻は一八本失いました。

その二人が、再び大岸壁に挑むというドキュメンタリーでした。

山野井が渓谷の大岩で練習しているシーンに、私の眼が吸い寄せられました。高さ三メートルほどの巨石に取り付き、背中が下を向いた格好で岩にしがみついて、体に吸盤があるかのような自在な動きで、見事に岩の頭部へ抜けでていました。使えるのは両手の三本の指と、かかとだけです。残った能力を最大に使って持てる力をふり絞る姿は、求道的と見えるほどに神聖で、私は見とれました。

「何回かやってると、手のどっかが引っかかって、それがきっかけで越えられる。私の場合、指が足らないから、あの手この手を考えるんです。岩をつかんで、どうやって乗り越えようか考え、一歩一歩越えていく瞬間、それが本当に楽しい」

山野井は、最初はむりでも、しかしいつかはクリアできる、とさらりと言いました。

「みんなあたふたするのが嫌いみたいだけど、私は右往左往しても、どうすべきか自分で解決するのが好きです」

濱田庄司が、益子で間借りをはじめて、修練に励んでいたころのことです。

昼間の仕事に疲れた陶郷は、夕食後の団らんから、やがて眠りにつこうとしていました。ひと気のない仕事場のロクロの上で、ランプの明かりに粘土が待っています。近くの木で、眠れないセミが短い鳴声をもらします。きわだつ静寂が、濱田の意欲の火をあおります。八年前の一九一六年の夏、濱田が窯業科学を教えていた京都陶磁器試験場付属伝習所で、生徒だった八歳下の近藤悠三から手ほどきを受けたのが、濱田のロクロ修行のはじまりでした。

「手にたっぷり水をつけても、仕事着までドロドロにすんのは下手なんや」

「そうか」

「一尺の皿でも、一尺二寸に見せるのがええ形なんや。大きく挽けたからゆうて、実際の寸法よりちいそう見えてしまうのは、下手なんやで」

　それから六一年後の、一九七七（昭和五二）年に人間国宝に認定される、当時一四歳の近藤悠三は、なかなかうるさい先生でした。

　益子の夏は蒸しました。ローズウォールヒルから吹き下るリーチ工房での夏の夜風が、懐かしく思い出されます。それでもロクロをまわしはじめると、頭が深深と冴えて、いつか粘土の感触しか感じなくなっていくのです。目も耳も、指先の完全なしもべになっていくようです。回転する土の塊から伝わってくる何かを聞き出そうと、全身が一点に収斂していきます。

　指が感知した情報を瞬時に判断し、かける力の方向や強さを、過度にではなく静かに調整する。そんなとき濱田は、永遠性を伴った時空に自分が確かに存在していると思えました。心に喜悦が満ちて、身も心も内側から明るいのがわかりました。

　大壺にしても大皿にしても、そう簡単には成形できません。高さ三〇センチの壺を完成させたいなら、まずはロクロで高さ四〇センチ以上のものを水《みず》挽《ひ》きで仕上げなければいけません。素焼きや本焼きで縮むからです。大皿の焼き上がりの直径を五〇センチにするには、径六〇センチ以上もの皿を水挽きで拵えなければならないのです。

濱田庄司が師とあおいだ板谷波山や、先輩富本憲吉は、ロクロは職人に任せていました。その二人にかぎらず、芸術家志向の陶芸家にはそうする人が多くいました。

濱田は、土に親しみ泥にまみれてこそのやきもの師ではないか。ロクロは自分でやろう、それがあたり前だ、と思っていました。

でも大皿の径が六〇センチの壁を越せない日がつづきました。

思いだす遠い記憶がありました。書道でした。東京府立一中時代に習った丹羽海鶴《にわかいかく》が、よい書家は心臓に一番近い上腕で書くのだ、と何度も繰りかえしたことです。手先じゃなく上腕で書け、と濱田の肘を幾度も直されたことが思い出されました。

巧みに土を操ろうなんて考えてはいけない。心をとき放ち、皿の線をイメージし、全身でロクロの土に向かうことが大事なんだ。濱田は自分に言い聞かせました。

そんなふうに一心不乱にロクロに向き合ったのです。

そして、迷いながら大皿を挽きつづけていると、ある日、濱田は六〇センチの壁をつき破っていたのです。濱田はすでに四〇歳をすぎていました。

「ロクロのことは濱田に聞け」

晩年の富本憲吉がそう言っています。濱田庄司のロクロさばきはそれほどに見事でした。

濱田は、七〇歳代に、欧米の各地へ講演と講習会を開く旅に出かけていますが、濱田のロクロの手わざに、青い目が思わず「マジック」と嘆声をもらしたということです。

ロクロをまわしつづけた濱田の右手は、六〇歳を過ぎたころには左手よりも大きくなり、腕も数センチ長くなっていたといいます。

いつかはクリアできると自分を信じる山野井の言葉にように、ロクロも、毎日の小さな積み重ねからしか上達しません。一気にロクロ名人にはなれません。濱田庄司は、ロクロの上に突っ伏すほどにもがき悩む日々を突き抜けて、ロクロの頂きに立ったのです。

前人未到の地点に到る極意は、山野井がつかんだのも濱田が会得したのもイチローが語ることも同じです。

V　核心は健やかな生活

自然にふれるくらし

兵庫県三木市の伽耶院《がやいん》というお寺で、〈入山料　ひとり草抜き一〇本〉と書いた立て札を見ました。「お安いご用です」と言いながら、早速草抜きにかかりました。

山中の濃い緑陰につつまれた境内に、その立て札はよく似合っているのです。

千三百年以上前に建てられたという寺は、集落からはほどよく奥まっていて、山伏姿の修験者がつどう秋の大護摩の時以外は、清浄な気配に鎮まっています。そうした雰囲気をもとめてときおりドライブ途中の家族連れが訪れていますが、みているとみんな小さな立札に気づいて、いそいそ境内の草を抜いては捨て場に運んでそっとつみあげています。

喧騒をはなれてそんな場所に身を置くと、やはり心が解けて、素直になるのでしょう。

河井寛次郎の故郷島根県にある石見銀山一帯が、世界遺産に登録されたのは、二〇〇七年七月でした。その世界遺産エリアの入り口に、中村ブレイス㈱の本社があります。

大田市大森地区の人口は五百名。観光客の姿がなければ、時間が止まっているように感じてしまう、山深い隠れ里のような場所です。そんな超ローカルに位置しながら、中村ブレイスは、ビジネスの面でも、地域活性化や社会貢献活動の取り組みでも、日本中の耳目を集める存在です。

中村俊郎社長が、その場所で義肢装具の製造をはじめたのは、一九七四年でした。京都とアメリカで義肢装具製作の技術をまなび、郷里である大田市大森町にUターンして一人で起業しました。その中村社長が、こう言っているのを知りました。

「石見銀山のある場所に会社を構えたのは、悠久の時間を感じるためです」

悠久の時間を感じられる場所で、中村社長が取り組んでいるのは、アートの概念をくみこんだ義肢装具の開発です。機能回復にとどまらず、美しさと機能性を融合させた義肢や人工乳房で、傷ついた人々の心の回復までをも願う取り組みをすすめているのです。

それを聞いて私は、柳宗悦の手賀沼と、濱田の益子を思い出しました。中村ブレイスの企業理念と、悠久の時間を感じられる静かな環境とが、無縁ではないと思われるからです。

柳宗悦が東京をはなれて、新妻兼子と我孫子の手賀沼湖畔に移ったのは、一九一四（大正三）年でした。家は手賀沼が一望できる、崖の上の林の中に建っていました。そこには柳がもとめていた光と水と静けさがありました。

《ここへ来たことは自分にとってはいい決行だった。この土地はすべての無益な喧騒から自分を隔離して、あたらしい温情を自分に贈っている。自己の性情をはぐくむのに自然は最上の風調をしめしてくれた。水も丘も自分のために静かに横たわっている。すべての人が自分の敵になっても人間にはいつも二人の味方がいる。それは自分自身と自然とだ》

二五歳の柳宗悦は、自然から学べる喜びを『白樺』誌上で素直に表しました。

以後、一九二一年の春にその地を離れるまでの七年にわたって、柳が宗教哲学の思索をふかめ、植民地朝鮮への友愛を発言していく、重要な場所になったのです。

当時、上野駅から汽車で一時間一五分、我孫子駅から徒歩一五分のその場所は、家屋のほかに建造物はなく、開発という名の奪取もおきていない、電気も水道もガスもない田舎でした。

柳宗悦は晩年、〈美醜未分〉ということや、〈二元に止まるな二元の奴隷になるな〉と、さかんに言いました。それは柳の到達点であったとも言えますが、そのはじまりは、若き日に我孫子の田舎に感じた最上の風調にあると考えられます。あるがままの天然自然に溶け込んだ生活から、柳は数年後、李朝や下手物に計らいのない健やかさを、難なく見てとることができたのです。

自然はまさに、二元のない、美醜未分の大本を示してくれる、このうえない師です。

一九一九（大正八）年五月、濱田庄司が、我孫子の柳宗悦の家を訪問してきます。そこに居候して創作に集中していたバーナード・リーチを訪ねたのです。たまたま志賀直哉にも出会い、ひなびた田舎での『白樺』同人の自由で屈託のないくらしぶりに感化を受けます。翌年、リーチについてイギリスに渡り、セント・アイヴスで三年半暮らす間に、創作活動には、都会に損なわれていない場所が必要だ、と考えるようになります。セント・アイヴスの日常のように、あるいは我孫子のように、自分の心を平静にたもつ環境にぜひとも身を置かなければいけない。文明の情報の海から自らを遠ざける距離が必要だ、と選んだのが東京にも無理すれば日帰りできる益子でした。

濱田が移り住んだ一九二四（大正一三）年当時、上野から益子までは、国鉄と軽便《けいべん》鉄道を乗り継いで、片道四、五時間かかっていました。それでも濱田庄司の頭には、日帰りで東京に行って帰れる距離だという認識がありました。

近年、東京から益子は二時間半ですが、現代の交通手段で四、五時間かけるなら、軽く東南アジアの各国に届きます。在来線の列車でも、四時間あれば相当遠くに行けます。

瀬戸内海の小豆島から大阪市内や京都へ、フェリーと高速バスを使ってたえず出かけてくる知人がいます。片道五時間ほどかかります。彼女が住んでいるのは鉄塔や野立て看板がない、日本の原風景のような島の中の山里です。現代日本で、濱田庄司の時間的覚悟があるなら、我々はもっと田舎に住むことができます。日々の通勤に、片道四時間はあり得ない話ですが、四時間でなくても、今より幾ばくか時間を余計にかける覚悟をすれば、大自然に抱かれて生きる幸せを手にすることができるかもしれません。

あるいは週末だけでも自然の中に定点居住する可能性もあります。自分をはぐくむのに最上の風調をしめしてくれる自然。文明の情報の海から自らをコントロールできる距離。悠久の時間を感じる静寂。こうした、田舎が人間にあたえる恵みを信じてみてはいかがでしょうか。

速くはやくと現代文明が進んだ結果、私たちは待つことができなくなってきました。たとえば、テレビをすぐに見たいからと主電源を切るのを嫌がっていませんか。返ってこない返信メールに病的にイライラしていませんか。便利さは幸せをもたらすはずだったのに、気付くと人の心が蝕まれているという笑えない現実です。

それと並行するように、現代人の日常は、豊かで美しい自然からますます離れていくようです。コンピュータゲームの箱の中に、自然はありませんし、テレビ画面からは緑の風も空気の匂いもわかりません。当節、美を事とする芸術も、あるいはすでに自然から遊離して、自然の持つ健康さを失っているのかもわかりません。

河井寛次郎に、『六〇年前の今』という素晴らしい随筆があります。生まれ育った出雲の国の風景を、七〇歳を過ぎてから書き綴ったものですが、素晴らしい記憶力による、大変みずみずしい作品です。河井がいかに、自然との交わりを心深く抱いて生きていたかがわかる文章です。

自然の深い本意を、畏まりながら書き伝えた河井なら、こう言うかもしれません。

「効率だけが良き文化を決定しない。今の日本は、モノの豊かさだけを見るとこんな幸福な国はないが、日本の憂いは、人間が人間らしい生活をすることが少なくなったことだ。だが日本の救いは、衣食住に自然相手の手仕事がいまもあることで、機械工業と共存して、ばかばかしいほどの丁寧さや適度の非効率が日本にはある。これは大した恵まれたことで、非効率な作業は魂を深く動かし、愛と道徳が涵養される」

流行に流されず、華美なものを遠ざけ、性急でなくゆっくりと、自然相手に豊かに暮す。社会生活や人間関係の煩わしさを相対的に遠ざけるため、自然に寄りかかり、自然と同化することで、他者に引き回されない自分を取り戻すのです。

いたらず尽くさず

今の世の中、お金を出せば生活は維持できます。料理が出来なくても、掃除ができなくても、洗濯ができなくても、家事はお金で賄えます。家電製品は進化を続け、ファミレスがあの手この手で誘い、すぐ食べられる総菜をどこででも買えます。食事は、作ることより選ぶことに楽しみが移っているかのようです。これを便利な生活と称するのですが、そうした結果、くらしにおけるさまざまな伝統的ファクター、河井の言う日本の救いを、私たちはするすると手から離しつつあるようです。

だが時には、丁寧に料理して好きな食器にそれを盛り、食後きちんと片づけるという、敢えての不便さの選択も、今の時代こそのくらしの工夫だと考えてみてはいかがでしょう。

面倒くさいことは記憶に残り、経験になり、自分の力とか知恵になります。煩わしいことを楽しむ余白を、くらしにキープしたいものです。

ノスタルジーのために、そうするのではありません。河井寛次郎が嗅ぎ分けた、非効率な作業で魂が深く活動し愛と道徳が涵養される、人間としての心を守るためにです。

一九二八（昭和三）年三月から、上野公園で国産振興博覧会が開催されました。三人は、そこに〈民芸館〉と名づけた建物を出展する機会をえました。

つつましく堅実な家屋に、美しい家具調度をそなえて公開したこの民芸館は、ひときわ賑わったようです。三人が来館者の数に手ごたえを感じたのは当然です。

しかし来館者のなかには、「この建物は住みにくいのではないか」と、粗さがしする者もありました。そうした批判にたいして、濱田がいかにも彼らしく反論しています。

《いたれり尽せりの家に住むかわりに、いたらず尽さずの家に住んで、かえって自由な活き活きしたくらしができる》

民芸陶器は重たいという批判に対しても、濱田が答えます。

《こんなものを重たいと感じるようでは、あなたの体力が心配だからもっと体を鍛えなさい》

これらは、濱田のまけ惜しみではありません。

濱田庄司は益子に入ってその年の年末に、和枝夫人と結婚します。結婚式は冬至の日でした。明日からは昼間がのびる一方だから、こんな良い日はないと決めました。式といっても、それぞれの両親や弟妹、ごく近い親戚と濱田の後援者たち。友人代表で河井寛次郎。それだけが、一同に集まって会食をするだけの簡素なものでした。濱田の発案で、出席してもらう人に、一品ずつ料理を持参してもらうことにし、濱田が横浜でそろえたありきたりの食器を使って、集まった料理をみんなで食べました。

その席上で濱田庄司は新妻にささやきました。

「明日から二人の家をさがしに益子に行くけど、帰ってきたら沖縄に行くよ」

和枝が、エッという顔をして、切れ長の瞳で見かえします。和枝はなんてまあ勝手な人だろう、とそのとき思ったのです。

なんで急に沖縄なの。金襴緞子《きんらんどんす》で高島田と思っていたのに、花嫁衣裳が平服で、その上料理はもち寄り。なにもここまで風変わりな式をしなくたっていいのに。形式的なことは意味がないといって、近頃あたり前の記念写真も撮らせてくれない。

和枝は、えらい人と一緒になった、と不満でした。

なにしろ夫は変わっていました。

「缶詰を料理に使ってほしくない。それと、婦人雑誌は読まないでほしい。あんな誇大な新聞広告をだす雑誌など、真実がないんだ。絹の着物もだめだ」

母が行李の底に忍ばせてくれた正絹の華のある着物を、夫は里に返してしまいました。

英国帰りの陶芸家と聞いていたのに、その人が世間の西洋化のながれをこれほど侮蔑しているとは、思ってもみませんでした。非文化生活をあたり前のように要求し、いかにそれが正しい生活であるか、言葉をいっぱいならべて説くのです。

和枝には、郊外の文化住宅に住み、婦人雑誌にでている生活改善をみずから進めていく夢がありました。日曜日には遊園地に家族ででかけ、デパートに買い物に行く。しゃれたデザインの食器、家具、電気器具にかこまれる生活でした。

「……でも必ずあのやりかたの先には破綻がある」

夫は、そういって憚らないのです。

「西洋を見てきたからこそ、日本の良さ、日本人の守るべき点がわかる。文化生活の名のもとに西洋化ばかりすすめると、自分たちの価値の土台をうしなうんだ、きっとね」

一人くらい、そんな日本人がいてもいいじゃないか、と高笑いしながら、夫は、わかってくれというふうな眼をして、和枝がハイと言うまでやめませんでした。

その濱田家には、長い間家電製品はありませんでした。ガスを使用しはじめたのはなんと一九六五（昭和四〇）年からだと聞いています。

教えてくれたのは、濱田庄司の二男で濱田窯の後継者である濱田晋作の映子夫人です。

「当時益子に旅館は一軒だけしかなくて、みんな濱田を旅館代わりに使ったんですよ」

益子の濱田庄司のもとには客が絶えません。家族も客も一体で凡てが進みます。使用人をたばねて客に対応するのが和枝夫人であり、嫁してからの映子夫人でした。

映子が一九六〇（昭和三五）年に嫁にきたときは、まだ水道も引いていませんでした。

「一二月の結婚で、毎朝霜柱をざくざく鳴らして井戸まで歩き、バケツを井戸に下ろすとき、手が凍った竹ざおにくっついて苦労したんです」

近所にガスが入っても濱田家では七輪で火を起こし、囲炉裏も使って料理をするのです。

そんな不便な生活の濱田家でしたが、電話は早くからひかれていました。郵便局と役場にしか架設されてないときに、東京やイギリスに電話をかけるためのネットワークはありました。

似たような話を、河井寛次郎の長女須也子が語っています。

一九四五年秋、日本中が敗戦の苦悩と終戦の安堵の間で揺れていたころ、河井は、「日本にすばらしい財産が残った、それは貧乏という財産だ」と長女に言いました。

河井は、富を求めず貧を尊んだところがあります。

日本がアメリカナイズされて復興していく中で、濱田同様河井も、一般的になった便利な生活道具をなかなか購入しようとしませんでした。

「残念だが、本当のものは大抵痛ましい中から生まれるものだ」と言って、便利で合理的な生活より、不備、不便、不合理なくらしを続けたようです。

当時二〇歳代だった須也子は、「二〇世紀に一八世紀のくらしはまっぴらだ」と、よく父河井寛次郎にぶつかったと言うことです。


同様に重なるのが、我孫子での柳宗悦の新婚生活です。

未開発の手賀沼湖畔は、生まれたままの自然の中でした。アルト歌手の兼子夫人は、赤ん坊をおぶいながら、井戸水をくみあげ、炭をおこして調理をし、風呂の火を焚きつけながら発声練習をしていました。秋が深まっても、冬がきても、洗濯は井戸端です。

志賀直哉の家が谷を隔てて四百メートル東にありました。大声で呼べば聞こえる距離でした。「大声をだしても誰にも迷惑がかからないということは、不便な証拠でしょう。石油ランプで明りをとり、マキを割ってお風呂を焚くの、毎日よ」

一九一九年五月に、濱田庄司がリーチを訪ねて柳邸に行ったとき、兼子夫人から聞かされた話です。そんな場所に、お構いなしに東京から客が来て泊まっていくのです。奥さんは大変だろうな、と濱田は思いました。でも反面、東京市民が追いかけている文化生活は視界にいれず、人影まばらな沼のほとりで都会の毒から身をさけるようにして、互いの精神世界を深めあっている柳や志賀やリーチの姿に感化を受けるのです。

壮年時代の柳が言っています。

《この世の罪悪がいかに富に執着する心から多く発しているか……本当に美しいものは、却って質素なものの中に多いのです。質素なものの姿は、自から単純さを帯びて来ます。人間でも質素な人は、どこか奥ゆかしさがあるやうに、品物だとて質素なものの方に、健全さがあるのです。贅沢なものにはとかく病があります。質素と美とに、進んで深い交りがあると云ふことは、真に感謝すべきこの世の仕組みではないでしょうか。質素と貧困は違うし、単純は下等ではないのです》

柳、濱田、河井は、貧乏なため水道やガスや電気器具を入れなかったのではなく、不便、不合理な生活を愛していたのでした。図式的にいえば、文明品があふれてきた昭和初期にあって、少し時代遅れなくらしをあえて選んだ、と言うのがより実態に近いと思います。

かれらの不自由な生活は、自分を見失わないためにかれらが選んだ方法です。そうすることで自律して思索的に生きようとしていたのです。今なら携帯電話を使わない、テレビを避ける、レトルト食品を使わない、一つでも二つでもあえて横並び生活の素因を退けて、文明のスピードと距離を取ると言うことでしょうか。

その代わりお手伝いさんなどを雇っていますが、それを束ねる主婦が、一番苦労したようです。いたらず尽くさずの生活は、〈男のロマンは女の不満〉という話かもしれません。

仕事が仕事をする仕事

《仕事が仕事をしています　仕事は毎日元気です
できないことのない仕事　どんなことでも仕事はします
いやなことでも進んでします　進むことしか知らない仕事
聞けば何でも教へます　たのめば何でもはたします
仕事の一番すきなのは　苦しむことがすきなのだ
苦しいことは仕事にまかせ　さあさ吾等はたのしみましょう》

陶器の家の準禁治産者を名乗った六〇歳のころ、河井寛次郎は、他力に導かれて没頭している創作態度を、右のように言い表しました。

「仕事にうちこめるのが一番うれしいですな、やってるうちに、こうせい、ああせい、と教えてくれる……絶対的な他力がはたらくんですな……無定形な世界に踏み込んだが、そこは耕し尽くせぬ原野で、人生が面白うてたまりません。常に先へ先へとだれかが引張ってくれるから、勝手に仕事が進んで行きよります。無邪気なもんです」

さらに一〇年後、七〇歳になった寛次郎は、〈孤独というのは人間にのみ恵まれた詩境であり、苦しみは人間だけに許された特権だ〉という地点に到ります。

《美の行者としては、苦しむのが当然だ。大いに苦しむべきだ。基本的にいえば、手仕事をやる人は仕事が好きで、自分はこの仕事がしたいのだということがなければいけない。仕事に喜びを感じなければ嘘だ。そして作者はいつでも、無名の座にすわっていなければならない。人に知られることは面白いことに相違ないが、知られないことはもっと面白いことなのだ》

戦争が終わってすでに一二年たっていました。五条坂の無位無冠の陶工河井寛次郎の名声は高まるばかりでした。万人に光をともす生き様を支えていたのは、ますます揺ぎない美の行者としてこのような信念だったのでしょう。

寛次郎をさして「仏教の世界に生きたなら高僧の名をほしいままにしただろう」と囁く人もいました。

七〇歳の河井寛次郎が、近未来を看破して言っています。

《手仕事というのは、感性や創造性や教養などのトータルな力が問われるものだ。文明の名のもとに知的なものだけを重視する世の中になりつつあるが、決して知性だけが重要ではない。人間全体というものを考えなければいけない。そのためには、魂をこめた手仕事で人間をとり返すのだ》

寛次郎流に倣えば、健やかなくらしが仕事をする仕事、というのが濱田庄司でしょう。

《作ったというより、生まれたというような品に近づきたい》

濱田庄司は、自分の作るモノは、元気な赤ん坊のように、命が輝いているものでなければいけない、そう願っていました。見知らぬ赤ん坊でもその笑顔をみると、思わずこちらもほほ笑みます。すべてを信じ切っている幼子の瞳は、造作なくこちらの心を開きます。説明のいらない、喜悦に満ちたコミュニケーションの瞬間です。そんな、だれでもがつい微笑んでしまう作品が、最高なのかも知れません。

その願いを実現するために、濱田はまず環境を第一に考えました。

元気な赤ん坊が生まれてくるためには、まず親も環境も健康でなければいけないということです。無農薬野菜を育てるために土壌改良からはじめるように、身も心も益子という田舎の、心の風呂になじませて、強い生命感にみちた多量の作品群が残っていきました。

迷いや、焦りや、意気込みなどから自分をうまくコントロールして、轆轤にまかせ、筆にまかせ、窯にまかせる構えで仕事を続けた濱田庄司の人生は、健やかなくらしをキープできた益子という場所において可能になったのです。

生まれたというような品に近づきたい、というのは自分の力だけでは高が知れていると思う心境から来るものでしょう。濱田には、天気も陶郷の風土も人情も、すべてが味方してくれている自覚がありました。無銘に徹しようとしたのは、自分ひとりの力ではないと気付いたゆえの生きざまでした。

河井寛次郎と濱田庄司は、仕事に対して、そして天地に対して、常に襟を正しています。日々のくらしを調え、心も健やかに調えています。後年〈信美一如〉を悟った柳宗悦の思索には、河井寛次郎や濱田庄司の生き方を長い間見ていたことが、そよ風のように吹き寄せていたと思えます。

柳は晩年、我執を脱すれば安らかさの美、静けさの美がおのずと現われて、現世は即座に浄土に転じる、と書きました。すべての人が美の浄土に救われている、とする仏教に工芸美論を重ねた柳宗悦の大悟です。

その柳宗悦の究竟《きゅうきょう》世界観を象徴するのが、〈無有好醜《むうこうしゅ》〉という言葉です。

五九歳の夏、『無量寿経《むりょうじゅきょう》』というの仏典のなかで、柳はこの言葉に出会います。『無量寿経』の中に、法蔵菩薩が阿弥陀如来になる時に誓われた〈四八の願〉があり、その第四願に〈もし私が仏になる時に、美しいモノと醜いモノとがあるなら、私は仏になりはしない〉という願いがあるのを確認しました。

全てのモノが美醜を超えて絶対的一元に統べられることを誓った〈無有好醜の願〉に出会い、宗悦は〈釈然として氷結のとけていく想いに、はたと思い至った〉のです。

我々凡夫は、自我に執着しすぎるあまりに、自他を分け、美醜を分け、巧拙を分け、上下を分けています。その結果、本来は誰もが安息できる美の世界、つまり美の浄土から遠ざかっているというのです。宗悦はこう諭します。

《あるがままの本然の仏性に帰ることである。天授の質に活きることである。法が爾《しか》らしむる所にいればよいのである》

なぜなら、法蔵菩薩は阿弥陀如来になりました。そのことは〈好《よ》きものも醜きものもない〉という無有好醜の願が既に果されていることを示しているからです。民衆の救済が仏によって誓われているように、民衆の美もこの願によって成就を保証されていることを、宗悦は開悟しました。

では誰が何を造っても、醜いモノは出来ないのでしょうか。それほど甘くはありません。創り手には、河井寛次郎のような行者の覚悟がいるのです。救われるからと他力に甘えていては、作家としての腕は磨けません。私たち凡夫は、〈心は浄土にさそわれながら、身は現生につながれている〉からです。

美醜などない超越的で本源的な美が、仏の世界で保障されている。だから物作りに技術の自己研鑽は無用だ、などと思うのは、愚かな発想です。

《思い過ごすほどに無有好醜に執するなら、それは新たな造作である》

民芸での造作というのは、ウケをねらった過度の誇張や歪曲や意識の過剰という意味です。ひらたくいえば、美を狙って作ろうとしてはならない、ということですが、無有好醜に執着するのも、それと似たような間違いだと、柳は注意を促しています。

物作りにおいて、技術の修行はあたりまえです。努力しないで富士山の頂上には立てません。

自分の怠け心の言いわけに無有好醜を使うのは、既に仏の世界に救われているから、と日々の営みを全て放棄するのと同じことです。

新しい自分に出会うためにも、他力の僥倖《ぎょうこう》に恵まれるためにも、努力は必要なのです。

民衆的工芸の美は、日常に仕えることを前提にしますから、美術品のようにフリーハンドで作れるというのではありませ。くらしの用途に拘束され、材料や工程にもいろいろな制約があります。民芸運動をスタートさせたころの濱田庄司と河井寛次郎は、あえてこの不自由をうけいれ、自我をそうした制約の中でコントロールし、サムシンググレイトの配剤を受容していくのを善しとする道を選んだのです。

自らを縛る制作姿勢は、自分を見失わない方法でした。三人は、下手物から人生を学びました。たてつく感情や、苛立つ姿や、ひけらかす心も奢る過飾もない、そんな雑器の在りように学び、思慮深く生きようと努めたのです。

文明がもたらした複雑な世界で生き抜くためには、自己を保全する装置が必要です。苦しみながら迷いながら、つい固い殻をまとってしまうこともあります。しかし本当は、かたい殻を脱げる場所、幼子の笑顔に微笑み返せる人としてのゆとり、つまり無垢な感受性を取り戻せる場所がだいじなのです。

時代が押し付けるパラダイムから少し離れ、自分の立ち位置をあえて変えるくらしを意識してみてはどうでしょうか。

良い習慣が良い人生をつくる

河井寛次郎は、三〇歳で京都五条坂に居を構えてから、そこを動きませんでした。日本国内はくまなく旅行していますが、満州・朝鮮以外、海外には一度も出掛けていません。生涯に五七回も海外旅行をした濱田庄司とは大いに違います。

戦争中、昼夜火を焚く登り窯が灯火管制でつかえなくなった時も、疎開はしていません。「父さんも母さんも、家もろとも吹き飛ばされるかもしれへんのに、どうして本を読んだり、毎日お掃除したりするの……不平も不満もいわへんな」

二〇歳になった一人娘が、あらためて訊ねるほど、淡々とくらしていたようです。

寛次郎の妻つねは、来客がなくなったぶん掃除が行届くのか、これまで通りふき掃除をつづけ、柱や床は顔が映るほどに黒光りしていました。寛次郎は、結婚以来の習慣である、朝二服の抹茶が朝食代わりというパターンを変えず、京都陶磁器試験場時代からそうしていた小型の手帳を持ち歩き、思念を書きとめることも続けていました。

窯が焚けない日常で深めた哲学的な思索は、短い詞になり、書きとめたものが積み重なって、戦後『火の願い』『いのちの窓』という詞集になります。仕事が出来ない日々、ふる里を回顧して書きためたものが『町の景物』という随筆集になりました。

寛次郎に名エッセイストの一面があることは、案外知られていません。既に触れましたが、七〇歳になった寛次郎が書いた『六〇年前の今』は、素晴らしい味わいの思い出語りになっています。

戦争も末期のころ、京都にも空襲警報が鳴り響き、急ごしらえした防空壕に妻と娘と三人で入る時がありました。せまい防空壕の中で、母親に甘えるようにしがみついている娘に、寛次郎は静かに話しました。

「……この世は永遠ではないし、太陽だって地球だっていつかは消滅する。なにもかもが、宇宙の一瞬のハザマに生まれたあだ花や、消え去る運命にある。父さんの作った品も残される保証はない。そうであっても人間は、命を燃やせ、歓べと課されている存在なんや。命を燃やすというのは、天に恥じることなく生きるということでな、心を燃やすとは、正しくくらしを調えるちゅうことや。それが消え去るものの覚悟というやっちゃな」

「人間の誰もが、やれば可能な世界に住まわせて貰っている。天与の未来を同じように持ちながら、目先の世界にしか住もうとしない。それゆえ世界は、見る人の力だけのものになるしかない。見尽くせぬほどの世界の中にいるのに、もったいないよ」

「体験や結果は、後悔するためにあるのではない、未来を本物の希望に変えるために使うんじゃ……こっちさえ変ってゆけば無限の世界がひらかれる。頭でいくら考えたって駄目だ、向こうへ飛びこめ。そうしたら何かが教えてくれるよ」
日々のくらしというのは、気を遣わないと、どんどん味気ない繰り返しになっていくところがあります。どんな時でもくさらず丁寧に生きると言うことが大事なようです。

日本民芸館は、昭和二〇年三月一〇日の東京大空襲にも耐え、東京は見る影もなく破壊されていましたが、まだ元のまま立っていました。

柳宗悦は妻兼子や息子や嫁と、人の来ない日本民芸館を守って、向かいの自宅に踏みとどまっていました。二〇年来集めてきた館蔵品の避難ができなかったからです。息子たちに手伝わせて、陶器類は庭に埋めました。紙、布、木工品は、大八車で三〇箱を、目白の徳川研究所図書館に預けましたが、それでもまだ一三〇箱が館内に積まれたままでした。

家の中は普段のまま、柳は家族とつとめて明るく暮らしていたようです。

ところが五月二五日夜、空爆の悪鬼が、ついに日本民芸館にも迫ったのです。

そのことを後日、河井寛次郎に書き送っています。

《真に危機一髪でした。民芸館のとなりに焼夷弾落下。たちまち猛煙につつまれ、火の粉が雨とふり、一時は絶望でした。一夜の烈しい闘いでした。物凄き火の雨は、最後の感を抱かせたほどでした。しかし風向きはわれわれに幸し、また家族がバケツリレーで敢闘し、ようやく類焼を免れました。今度の空襲は恐らく最大のもので、山本為三郎氏の家も、棟方の留守宅も罹災しました。大阪で、小生の『日本民芸目録現在篇』の草稿灰燼に帰しました。長年執筆したもので、痛手です。小生が筆を執らずば誰もこの仕事を背負ってはくれぬと思い、再起の日を期しています。下書きが残っておらず、二千頁近くの原稿のこと故、なかなかの困難です。此頃は水汲み、薪割、畑仕事、飯焚等で終日多忙です。六月宵

柳宗悦》

柳が猛火の中で守ったモノには、柳個人のコレクションも含まれていました。「ものは使えば使うほど美しくなる」といい、自分の家で佃煮などの入れ物がないなと思うと、民芸館の陳列棚から使い勝手のいいものを手に戻ってきたと言います。自分の好む雑器をあつめ、毎日の生活の中で使い、それをまた民芸館の展示に混ぜていました。

蒐集は自分の生活のためであり、また来館者のためでもあったのです。

柳宗悦は、一九四九（昭和二四）年三月に還暦を迎えたとき、大切に使い守ったモノを、自邸の土地、家屋、調度品、蔵書等に併せて一切、日本民芸館に寄付しました。

柳は家族会議を開いて、「全部民芸館に寄附するが、どうだ」と訊き、家族は「わかりました」と答えたということで、妻兼子はその後九〇歳を超えて生きますが、晩年は三鷹市のアパートで過ごしています。

昭和一〇年、柳邸に住み込んで雑用を手伝っていた二一歳の鈴木繁男が、ある日柳から、濱

田邸を見て来いと益子に行く交通費と地図を渡されます。鈴木は一泊二日の益子訪問の記憶を後に語っています。当時濱田庄司は四一歳でした。

《これ以上ない幸せな温かいおもてなしを受けたのだが、浜田先生の知性とエネルギーの底の深さに圧倒された。大地にしっかりと両足をすえた、そのお仕事ぶりや、お暮らしぶりを見せられて私は感動してしまった。帰って柳先生から「どうだった」と聞かれたので、「私はあんなすごい所に行けば殺されてしまいます」と返事したら、先生は「ワハハハ」と高声で笑われた。その後、益子を幾度訪問しても、その驚きは変わらなかった。以来、浜田先生は私の大の苦手のカタキになった。リーチさんや富本憲吉先生も手は届かないが、こちらの味方という感じがする。浜田先生はなお手の届かぬ別次元の深い何物かを持っている人である》

濱田庄司は、若者が身を固くしたほどの着実で真っ当で悠々たる暮らしぶりを、生涯変えていません。

性急でもなく華美でもなく、贅沢奢侈などとは程遠く、仰々しいものを拒否するくらし。健やかな生活をこころがけた三人の人生を眺めるとき、直観を磨き美を見つめるということを人生の習慣とした有効性が、かれらの航跡から浮かんできます。三人の異能とも言える実践力は、民芸美を探して各地をたずね歩いたキャリアからから鍛えあげていったものです。

《美しさが深いほど、いわく言い難い性質を持つから、その理解には言葉を超えた理解、すなわち洞察が内に働かねばならない。内なる働きが直観の面目だ》

直観は、モノの選択だけでなく、さまざまな事象に通用します。知識ではなく、自分の全身で良いとか悪いとか判断できる力こそが、自分を救います。三人がいう〈直観〉を磨いて、右顧左眄しない自分の物差しを手にしたいものです。鍛えた直観を働かせて事象を見る。そうして選んだものを何度も点検する。それを連続的に日常的に積み上げていく。すると善きものしか見えなくなる。

美しいもの、善きものしか見えない習慣が反映された三人のくらしぶりこそが、民芸運動の精華ではないでしょうか。

VI 歩き続けること

何よりもかれらは実践者

実践とは、思想や道徳などをみずから実際に行い、まわりを意識的に変革してゆく行為をさします。

「柳宗悦という人は、美しいものしか見えない人だった。柳が歩いた後には掘りだされた美しいモノが帯になって光るようでした……柳は道具も何もなしで、眼一つで民芸をさぐりあてた。大した作家です……」

「彼が偉いのは、単なる口舌の徒ではなかったことでね……むしろ実行の人といえるね。彼の民芸思想は、河井やわたしと一緒に動きまわった行動の後からついてきた……」

柳宗悦について、河井寛次郎と濱田庄司は語ります。

柳の一生を俯瞰しますと、確かに躰を動かして世の中を読み解いた形跡が浮かんできます。

柳宗悦の実践は、『白樺』の発刊から始まりました。『白樺』同人が、ロダンに浮世絵を送った返礼に、ロダンからブロンズ彫刻三点が贈られますが、それを日本で初めて公開展示するのを主導したのが、柳宗悦でした。

柳は、『白樺』紙上で宗教論や美学論を発表しつつ、二五歳にして上梓した『ウイリアム・ブレイク』をコアに、各地でブレイクの版画展を巡回し、それに合わせたギャラリトークを幾度となく開いていきます。

二七歳で初めて訪れた朝鮮半島で、朝鮮の美術や文化に感動し、強い敬念を抱きます。同時に、植民地朝鮮の実情を見聞して、朝鮮民族に思慕の念を募らせました。やがてその想いは李朝陶磁器の発掘と、鮮民族美術館設立に柳を駆り立てます。

京城《けいじょう》の景福宮内に朝鮮民族美術館が完成する直前に、たまたま訪れた甲府で見たのが木喰仏でした。木喰仏との出会いから三カ月後、英国帰りの濱田庄司を介して河井寛次郎と邂逅し、生涯の契りをむすびます。三人で木喰仏を探して各地を行脚しながら、民芸品を収集していきました。伝統的な手仕事の技を勧奨し、一九二六年の『日本民芸美術館設立趣意書』をはさんで、一九二七年に初めて、銀座鳩居堂で『日本民芸展』の名で収集したモノを展覧しています。

一九二八年の大礼記念博覧会で、民芸館パビリオンを成功させたあとも旅を続け、一九三一年には、運動の趣旨と成果を世に知らせるため、雑誌『工芸』を創刊させ、三人は、民芸にまつわる発言を積極的に行います。一九三三（昭和八）年には、新作民芸品の専門店〈たくみ〉を銀座に開店し、同じ年に日本民芸協会を発足させています。

一九三四年、東京高島屋の七階すべてを使った『現代日本民芸展』では、民芸のモデルルームを展示して喝采を浴びました。河井が台所、濱田が食堂、リーチが書斎を設計しています。そして一九三六（昭和一一）年の日本民芸館の開館にいたるのです。

柳は、そうした動きのさなかに民芸論集を次々発表し、各地を訪れ職人を励まし、新民芸品の普及のための工夫を重ねました。

一九三二年一二月一日に、柳から島根民芸会の太田直行にあてた手紙があります。

《来年から『工芸』に、各地の情況を毎号巻末に載せたき意向。ついては毎月十日迄に、情報をお送り下さいませんか。誰が何を試みいるか、どんな品が出来、それがいくらか、どこで何日から展覧会があるか、島根で最近どう云うものが見つかったか等民芸にかんする御報告を得たく、之を各地から集める計画です。島根の方は貴兄にまとめて預きたく、此十日頃迄に第一をお送り下さらば幸です》

各地を盛り上げようと、意欲的に地域とかかわろうとしている様子が見えます。

柳の狙いは、各地の工人に経済的な幸福感が及ぶことでした。

「あなたがたが作っているものは、すばらしいんだよ」

地方にうもれた工人たちを奮い立たせ、自信を与えようとしました。

一九四七（昭和二二）年に、島根県出雲市で出西窯を開いた多々納《たたの》弘光《ひろみつ》は言います。

「柳先生が名もない地位もない職人をばかにしていたかのように、批判的に言う人がいますが、柳先生はそんなことは一言もおっしゃっていません。先生にめぐり会った者は、先生の職人に対する至れり尽くせりの深い思いに恵まれ続けました」

　生産者のテンションを上げて、流通の輪の中に引き入れようと努めたのです。


　三人は一緒によく旅をしました。二人であるいは単独でも、よく出歩いています。三人は動きまわった人たちでした。

　《昨日庵に在り、今日不在、明日は他行》

　濱田は、よくそう揮毫したようです。本人も自覚しているとおり、濱田の他行は、生涯止まらなかったかれの習慣です。柳宗悦の年譜にも、柳が書斎を離れた夥しい旅の記録が残っています。かれらの動きを細かくは書けませんが、民芸運動の牽引車として、三人の探査、交流、啓蒙、指導の動きは、仲間や裾野を広げ、途切れることなく続きました。

　ことに柳は、三人が掘り出したモノを、さながら展覧会に並べるように雑誌『工芸』に写真つきで紹介します。柳が今までになかった切り口の解説文をつけると、それが特別の新しさで読者をうならせました。材料も持たず道具も使わず、眼ひとつで民芸美を創作した柳宗悦が、確かにいたのです。

　濱田庄司は、〈民芸運動の本来の意味は、観念的なお題目の動きではない、実践、それも真に無名に徹する根性がなければだめだ〉と、念を押しています。

　理論と実践とよく言いますが、浅はかな思慮にも愚かな行動にも囚われることなく、民芸運動は運動の名のとおり、リーダーの明らかな言論と力強い実践から、そのうねりを高めて行きました。

持続する志し

河井寛次郎が最晩年にいつも口にした言葉は「寿命がほしい」でした。はた目には完成の域に達しているのに、本人はまだだ、と思っていたのでしょう。ほぼできたとか、まもなく終るといった言葉は、脳のスイッチを切る言葉だといいます。だいたいできたと思うと、実際はまだできていないことでも、脳はもう大丈夫と、緊張をといて深い思考をやめてしまうようです。

百里を行く者は九〇里を半ばとする、と言いますが、そういう意味では、三人はいつまでも旅の途中という気持ちを抱きつづけていました。常に新規な環境に揺さぶられていたほうが、葛藤もあるが自分を進化させるのに得策であると、かれらは本能的に気づいていたのです。

一番早く亡くなったのは柳宗悦です。一九六一(昭和三六)年、享年七二歳でした。その二年後には富本憲吉が七七歳でこの世を去ります。それから三年後の一九六六年に河井寛次郎が七六歳で死去しました。濱田庄司が鬼籍にはいったのは一九七八(昭和五三)年で八四歳でした。

もっとも長く生きたのが、一九七九年に九二歳で没したバーナード・リーチです。

柳宗悦がなくなったあと、日本民芸館の館長は濱田庄司が引き継ぎました。

日本民芸運動は、柳や河井亡きあとも営々と志を持続させて、実践の炎をともし続けるのです。そして一九七〇年の大阪万博の会場内に、一九二八年以来の民芸パビリオンを開館させます。それが現在も残っている大阪日本民芸館です。柳なきあとのこうした運動は、濱田一人で出来た実践ではありませんが、第二世代とともに〈民芸〉をまとめていった濱田庄司の、シンボリックな存在を忘れるわけにはいきません。

濱田庄司は一九五五（昭和三〇）年、六一歳になったとき人間国宝第一号に認定されます。三〇歳で益子に入って三〇年、トレードマークであるトウキビ紋の意匠もこなれて、生き生きとした絵付けの筆は器になじんでいました。地味な益子の天然釉が、温かく親しみを感じさせます。それまでの日本のやきものにはなかった、悠々堂々とした全く新しい世界に、濱田庄司は到達したのです。

それでも濱田は止まりませんでした。

濱田の六九歳から七九歳にかけて、それは一九六三年から一九七三（昭和四八）年の一〇年間ですが、日本にいることのほうが少なかったと映るほどに海外に出ています。

パリのルーブルや、南米のコロンビア、ヴェネズエラで、リーチとの二人展を開いたり、アメリカのワシントン、ニューヨーク、サンフランシスコで個展と講習会を実施したりしました。

特に講習会では、濱田のロクロ挽きや釉薬掛けの手わざが驚きの的でした。ニュージーランドやオーストラリアにも、同じような企画で招かれました。ゆかりのあるロンドンで、ルーシー・リーなどと三人展を開き、ミシガン大学やロンドン王立美術大学から学位を受けたりするのです。

日本で文化勲章を授与されたのもこの時期です。

ほかにもアジアも含め多くの国々へ旅をしています。一度出かけると数カ月、時には半年も帰国しない、タフな旅程でした。そして必ず現地の民族工芸品を渉猟してもちかえりました。それらは濱田庄司蒐集海外民芸品として特別展で公開されました。

濱田が海外から招待されるようになったのは、バーナード・リーチが書いた著作が影響しています。陶芸に関するリーチの著書がヨーロッパやアメリカでひろく読まれ、本のなかに濱田庄司にまつわる記述が多くありました。リーチの本によって濱田庄司のことを知った外国人が、濱田庄司に接近してきます。講習会に参加した陶芸家志望の若者たちからも、濱田の門を叩く者が出てきました。濱田庄司は西洋の青年を受けいれ、英語で民芸のスピリットを教え、そして青い目の弟子たちは濱田窯から巣立っていきました。

一時期、益子が日本のやきものの聖地のようになって、世界に名をはせるのです。

「西洋のむやみな真似は間違っていると言っていたあなたの処に、西洋人が教えを請いに来ましたね。あなたは西洋にまけない東洋を見つけましたね」

縁側の陽だまりのなかで、妻の和枝が、濱田庄司に微笑んだことでしょう。こうして益子が世界のマシコになり、Mingei は世界語になっていきます。使ってもらえるものを作る。人の世に協同して生きる。民芸の美が脈打つような、健やかなくらしが大事だ。その持続する志の足跡は、見事な人生と言うほかないでしょう。

大肯定

柳宗悦、濱田庄司、河井寛次郎に共通しているのは、社会的地位や肩書を手にすることが世間一般の願望だった時代に、スタートにおいてそうした道を選ばなかったことです。かれらの意識的な心は、安穏とか、お気楽生活といったものに関心を抱かず、知恵と才能をフル稼働させる昂揚感を求めて動きました。

三人にとって世界は、人智で測れないパワーが加減乗除する、実にうきうきできる、彩りに満ちた場所として映っていたはずです。そのパワフルな世界に負けないために、三人の魂もエネルギーに満ちていました。

内なる生命力を信じ、誰のものでもない自分の人生を意識的な心で歩み続けたのです。

突き進む旅の途上で、三人は三者三様の特異体験をしています。悟りとも至福の瞬間ともいってもいい、それぞれの深い心的経験でした。

最も若い頃からその経験を繰り返したのは柳です。

青年期の柳宗悦には、死の恐怖にさいなまれた時期があります。それを乗り越えられたのは、明治末にもたらされた西洋科学の書物に出会ってからでした。最新の生物学や天文学の本を読み、柳宗悦は、死の問題は科学で必ず解決できると希望を抱きました。科学は、人生の否定ではなく肯定の上に確立されなければならないし、そうするはずだと洞察したのです。この思索は進化し、二二歳の秋に初めて上梓した『科学と人生』で、

《宗教と哲学と科学と、この三つのものは自分にはなんら明らかな区画がない。どれも宇宙・人生の問題を解くべき人類の同じ努力にほかならない》

そう確信をもって書いています。

さらにもう一つベースにあるのが、ウォルト・ホイットマンとウィリアム・ブレイクです。まじめで詩情豊かだった少年柳宗悦は、その二人の詩人から、人生を肯定して生きる拠りどころを読みとります。〈手のひらに無限をつかみ、一瞬のうちに永遠をとらえる〉というブレイクや、〈我あり、あるがままにて十分なり〉というホイットマンに、孤立していても人間は善いものだと思えるきっかけと、前進する勇気をもらったのです。

自分の可能性を強く信じて、人生はＹＥＳだ、とする柳のゆるがない柱の発見でした。

柳は、ウイリアム・ブレイクを、丹念に読み込みました。丸善のカタログで目につくかぎりのブレイク詩集を買い、評伝を買い、ブレイクの絵の複製を買い、彼の著作や彼に関する著書

のすべてを、原書で読んでいきます。凄みを感じる語学力と向学心です。

その努力が二五歳の初冬に、大著『ウイリアム・ブレイク』として結実します。

《歓喜が彼の人生観の精髄であった如く、存在の肯定は彼の道徳観の枢軸であった》

柳は、一六歳からブレイクを読み解いてきた確信をもって、ブレイクの声を聞けと説きます。

《人間は、自我と自然、心と物、主観と客観とが渾然と融合している状態を知覚して、忘我の境地にいたることができる。その境地は自己の完全な拡充であり、個性の無辺な表現である。自己と宇宙との合一である》

柳は、『ウイリアム・ブレイク』のなかで、しばしばブレイクの数々の版画に注目しています。のちに木喰仏を発見し、民芸美を発見する柳宗悦らしく、ミケランジェロやロダンを引き合いに出し、縦横にブレイクの芸術を論じます。柳宗悦の持ち味である、思想が造型美と不可分に結びついて語られる視野が、ブレイク研究によって磨かれていました。

一九一四（大正三）年、『ウイリアム・ブレイク』の最終校正をやっていた秋です。

「これを、お土産のつもりで持ってきました」

やってきた男の名は浅川伯教。朝鮮京城で尋常小学校の教諭をしながら、彫刻家にあこがれていた浅川は、心酔するロダンが『白樺』に贈ったという作品を柳が頂っていると聞いてやってきました。このとき、柳より五歳年長の浅川伯教が持参したモノが、インスピレーションをもたらし、柳の思索に大きいエポックがおとずれるのです。

浅川伯教が取りだしたのは、白いちいさな壺でした。それを見た柳のうごきが、はたと止まりました。柳の胸で、なにかがささやきます。見ろ、よく見ろ。

白い小壷をじっと見つめて動かない柳に、伯教の甲州なまりがかぶさります。

「高麗《こうらい》青磁は、朝鮮でも値がたかく、わたしには高嶺の花です。でもこんな白磁や三島手《みしまで》のものは、さがせば、けっこうあるんです。どうです、しおらしい壺ずら」

李朝の小壷を手にしたまま、柳はわれを忘れて見入りました。

眺めていると、高潔な心、情のあたたかみ、つまり人間そのものが、その陶器から伝わってきたのです。思ってもみないことでした。まったく新しい驚愕でした。

《かつて何らの注意もはらわず、むしろ軽んじた陶器等の型状が、自然を見る大きな端緒になろうとは思いだにしなかった。事物の型状は無限だという一個の命題が、明瞭に自分に意識された。この単純な真理は自分にとって新しい神秘になった》

朝鮮の陶器から得た、新しい視野でした。その経験の直後にこう書いています。

《自然は絶えず生きているという事実を、自然それ自身が語っている。やわらかな木の芽にも、虫の運動にも、自然の讃歌を読むことができる。心にこの真理を読む力さえあれば、自然はすべての時においてわれわれに愛と美とまた力とを示している》

柳は、事物の型状は無限だと意識した時から、多彩な自然界を知覚し、そこで輝く人間を見はじめたのでした。命を肯定する柳の資質はその後幾度となく開悟の瞬間を彼にもたらし、無有好醜、信美一如などの思想に柳自身を導くのです。

濱田庄司に起きた経験は、二七歳の濱田がセント・アイヴスでくらしていた、一九二一年の初夏のことです。大ブリテン島の西端の寒漁村では、遊ぶところも遊ぶ金もなく、濱田は時間があると、ぶらぶら歩きを楽しんでいました。

その日、クロッジポイントの断崖につくと、歩き疲れていた濱田は、一枚岩の場所を選んで、海に雪崩落ちている断崖にあお向けにひっくり返りました。太陽に焼けた岩肌に神経がぎゅっと尖ります。海は凪いでいるようでした。三〇メートル先の絶壁の下に、波を砕く巨岩が牙をむいているのに、それが架空のことかとおもうほど、静かでした。

さえぎるもののない満天の蒼穹が、深く広く、濱田を包みます。

――この世界は少しのほつれもなく巡っている。すべて善しだ。

おおきな安堵感とともに、濱田庄司は不意にそう思ったのです。じっと見つめていると、見はるかす天空には多彩な色彩が踊っています。青はもちろん、白、黄、朱、紫。

言葉にできない妙なる諧調に、あらゆる光輝が渦をまいているようでした。

千変万化を苦もなくつつみこんでいるこの天地を、絵や陶器に写しつくすことは不可能だ。小さな技巧を磨くことじゃない。写しとるべきは、ここにあるエネルギーなんだ。

濱田はふつふつ沸きあがってくる想念に、じっとしていることが出来ず、思わずからだをよじりました。その時です。

「カッコー、カッコー」こんな岩場にまさか鳥が、と思いましたが、確かに聞こえたのです。

濱田は、からだの捩れをもどすようにはね起きていました。すると、濱田の動きに驚いた鳥が、激しい羽音を残して背後から飛びたちました。

その時、濱田庄司のからだの奥底で、強い想いが鐘の音のように響きました。

「僕はここにいる。今それがわかる」

濱田は、はかり知れないものに直接結びついている実感につつまれたのです。

「僕はここにいる。善きものとして、濱田庄司はここにいるぞ」

大声で叫びたいほどの確信に包まれた、とその時のことを濱田庄司は回想しています。

河井寛次郎の名著『六〇年前の今』には、少年期の河井の眼がどれほど明るく開かれていたかを証明する話がつまっています。少年河井は出遭うモノすべてを宝物にしています。

ですがここでは、五三歳の河井に訪れた特異体験を紹介します。

東京も大阪も神戸も、都市という都市が空襲にあい、やがては河井の住む京都も、おなじ運命をたどると思われていたころです。河井寛次郎は、夕方になると京都の町に最後の別れをするために、毎日のように清水《きよみず》辺りから東山の高見へ上がっていました。

《その日も私は、いつも腰掛ける切株に腰掛けて、暮れてゆく町を見ていました。明日は再び見る事のできないかも知れない町を、言いようもない気持で見ていました。

　その時でありました。私は突然一つの思いに打たれたのでありました。なあんだ、なあんだ、何という事なんだ。これでいいのではないか、これでいいんだ。焼かれようが殺されようが、それでいいのだ。それでそのまま調和なんだ。

　そういう突拍子もない思いが湧きあがって来たのであります。はっきりと調和という言葉を私は聞いたのであります。するとこの町がどんな事になるのかわからない不安の中に、何か一抹の安らかな思いが湧きあがってきたのであります。私は不安のままで次第に愉しくならざるを得なかったのです。頭の上で蟬がじんじん鳴いているのです、それも愉しく鳴いているのです。しかしなんで殺す殺されるというような事がそのままでいいのだ。こんな理不尽な事がどうしてこのままでよいのだ。にもかかわらず、このままでいいのだというものが私の心を占めるのです。この二つの相反するものの中に私はいながら、一本の縄になわれていく自分を見たのであります。》

　それから一週間ほどしてからです。河井はよく出かける山科へ行こうと思って出かけました。山科に隠れ住んでいた大石内蔵助が祇園に通ったという道を、逆に行くのです。滑石峠《すべりいし》を少し下った処に山桐の大木が一本立っていました。河井はいつもそのあたりで一休みしたようです。ふと見ると、その大きな桐の葉がことごとく虫に喰われて丸坊主になっていました。

《青々とした松や杉の中に、この木一本が、葉脈だけの残ったカサカサの葉をつけて立っているのです。葉っぱは虫に喰われ、虫は葉っぱを喰う。見るからにこれはいたましいものそのものでありました。それにしてもこの日はどうした日だったのでありましょう。いたましいというその思いの中に、これまでかつて思った事もない思いが、頭をもたげたのであります。

葉っぱが虫に喰われ、虫が葉っぱを喰う。にもかかわらず、虫は葉っぱに養われ、葉っぱは虫を養っている。喰う喰われるといういたましい現実が、そのままの姿で養い養われるという現実とくっついているというのは、そもそもこれは何とした事なのでありましょう。このあいだからもやもやしていた、これでいいのだ、これで結構調和しているのだという、しかしつきつめると何でそうなのだかわからなかった事が、ここで答えを得たのであります。虫と葉っぱは明らかに、かく答えたのであります。不安のままで平安……そうなのか、そうだったのか。暮れるまで私は歩きまわっていました。この世このまま大調和》

（文意抜粋）

この日、河井は、狂喜して山科から帰ってきました。

「今日はすばらしい日だ、すばらしいことが起った。今日までの自分は二つの世界観を持っていた。善悪、美醜、正邪という二つを。けど今日、わたしの世界観が変わってしまうのを見たのだよ」

そう言って、家族のまえで踊るように語ったと、娘須也子が思い出を書いています。

止まない挑戦

富本憲吉は六九歳の一九五五年に、濱田と共に日本で最初の人間国宝に認定されますが、このころの富本の作品は、一段と華麗なものとなっていました。

六七歳の富本憲吉が、金と銀とを同じ器に絵付して一度に焼成する金銀彩《きんぎんさい》の技法に成功したのです。それは赤地に金色と銀色を用いて羊歯模様を一面にのせる、いわゆる赤地金銀彩羊歯模様につながりました。富本が七〇歳を前にして開発した技はその後、富本憲吉が七七歳で瞑するまで、彼をはげましつづけることになります。

「突っ込めるだけ突っ込んでみろ。行き過ぎになるのは分かっている。けれど体のなかに染み込んで、初めて捨てられるんだ。中途半端は必要ない、むしろ邪魔だ」

晩年の河井寛次郎は、教えを請う者にそうよく話したと言われます。

自ら陶芸の家の準禁治産者と称してからは、近くの道路工事で出た粗土《あらつち》を用いたり、陶彫と称する陶器彫刻を企て、ついには木彫や真鍮をつかった作品にまで、仕事を広げます。ロクロをつかわず、鋳型成形が中心となり、しかもその形は不定形で、非対称であったり、口が複数あったり、泥が盛り付けられたり、もはや民芸の実用性も貴族の装飾性も超越して、文字通り型破りで自由な境地に突き入るのです。

《新しい自分が見たい、仕事をする》

そうしたなかでの極めつけが、一九五九（昭和三四）年、河井寛次郎が六九歳で開眼した、三彩打薬《さんさいうちぐすり》と名付けられた新技法です。打薬というのは、素焼きした壺などを並べて、赤、緑、黒の色彩釉を柄杓で激しく打ちかけるやり方です。

上釉をかけて焼成すると、飛び散った飛沫が、烈々として鮮やかに浮き上がります。

そうしてできた作品は、高揚した精神と、高度の集中力を維持できる陶工のみが許される、固有の境地となりました。七〇歳になろうとする河井が示した新たな美が、既成の陶芸概念をあきらかに打破したのです。

一九五九年一二月、柳宗悦がバーナード・リーチにあてて書いた手紙にこんなくだりがあります。

《河井、濱田ともに、東京での例年の展覧会を終えた。両方とも良い会で、とくに濱田の会は素晴しく、みなが彼のこれまでの最高だと言っている》

このとき濱田は六五歳目前でした。

濱田や河井に残っている作品集をたどると、当時どんな新作が並んでいたかを、大掴みすることができます。濱田の個展会場には、それまでの技法にまじって、青釉に黒の流線が鮮やかな大皿や、十文字が流し描きされた角皿が展示されたのではないでしょうか。

濱田の、この流し描きあるいは流掛けと言われる手法が使われはじめるのは、かなり前からで、当初は釉薬を土瓶か何かで、のちには柄杓で垂らし掛けて、浮き雲や水滴のような面模様を施すことをしていました。ところが六五歳を前にして、伝統的なそうしたやり方とは別の手法ともいうべき展開が起ります。流し描かれた模様が、面的な広がりのあるものではなくて、抽象文字のような線の表現に大きく変わってきます。

河井の打薬と違って、濱田庄司の流掛け技法は、柄杓に満たした釉薬を垂らしながら、皿や鉢に即興的な線をえがいて、自由でおおらかな美を生み出すもので、器面を走る釉は、火炎の超自然な力によって下釉と溶けあい、幻想的な模様となって出現します。

濱田は一九五九年の個展以前から、大作のほぼすべてを流掛け技法で飾っています。天空におどる龍雲、大地をのたくって潤す大河――大自然を切りとったような風韻が、大皿や大鉢に映し取られたのです。

それは永遠を感じさせる雄大な印象の技法として、目をみはるほどに進化します。しかも生まれ出る品は、〈用〉から逸脱することはありませんでした。民芸でありながら、近代的な抽象表現と躍動にあふれた、だれにも真似のできない美を、濱田庄司は戦後の日本陶芸界にもたらしました。

一九七三（昭和四八）年五月、八五歳のバーナード・リーチが、七八歳の濱田庄司に言いました。

「ハマダ、流し掛け、見せてくれないカー」

すでに柳宗悦も、富本憲吉も、河井寛次郎も鬼籍に入っていました。

リーチは一九〇九（明治四二）年に初来日し、濱田庄司とともに英国に戻ったのが一九二〇年でした。一九三四（昭和九）年に再来日しますが、その後戦争のために動けず、三度目にきたのは一九五三（昭和二八）年です。そして一九六一（昭和三六）年の七四歳で四度目の来日から、一九七四年の八七歳での最後の訪日まであわせ、計一二回日本に来ています。四度目以降は、高齢をおしての東洋への旅でした。リーチが来ない年は、濱田が英国を訪れるということで、セント・アイヴスと益子という遠距離をものともせず、老友は毎年のように逢っていました。

その期間は、濱田が大皿に流掛けの傑作を生んでいた時期と重なっています。

来るたびにリーチは、若いころ苦労を共にした濱田庄司との友情を確認するように、益子を訪れます。その一一度目の来日の時のエピソードです。

リーチのリクエストを受けた濱田庄司は、柄杓に半分ほど黒釉をみたし、腕を前方に伸ばして、柄杓の先を大皿の外側にかまえます。直径六〇チ《セン》の大皿のむこうの何もない空間から垂らしはじめ、意識をおさえて一気に、龍雲のような渦巻の線を皿の右半分に流し掛けました。勢いのまま、線の尻尾が濱田の足元まで引かれて、皿の手前外にこぼれます。

白い籾灰《もみばい》の下釉のうえに、黒釉の線が、太く大胆に、ある部分は細くせばまり、そしてかすれて、紙に墨汁で描いたように鮮やかに残りました。

柄杓で渦巻文《うずまきもん》や縞模様を自在に描くのは、簡単なようですが熟達を要します。流れ落ちる釉の流動をすばやくとらえなければなりません。ためらいは許されません。

それは見事なパフォーマンスでした。

「Ｏｈ！　宇宙に心がはねているようナー。Fantastic ナー」

驚いて声をあげたリーチに答えず、濱田は、大皿が乗ったロクロを半回転し左右を入れ替え、もういちど柄杓をあやつって、先ほどと対になる雄大な渦巻線を描ききりました。

「外側にこぼす釉のおかげで、皿に流れる線に勢いがつき、雄渾の気が吹きこまれると考えているんだ。こぼれる釉は、線を生かすために無駄じゃない」

「濱田先生、大皿の釉掛けがたった一五秒なんて……速過ぎて、物足りなくないですか」

ふと口走るように、一緒に見ていた三越の美術画廊の担当者が頓狂な声をあげました。

「たしかに一五秒だが、これは一五秒プラス六〇年と見たらどうかな」

柄杓をぶら下げたまま、濱田庄司は、軽い調子で顔を向けます。

「そうナーそうナー、良い答えナー」

リーチが、手を打って満面の笑みを浮かべていました。

流掛けの一五秒は、六〇年かけて手が学んできた動きに自分を託したに過ぎない、と濱田は思っていたのです。自在に柄杓と一体化する順境に、七八歳の濱田は達していました。

富本憲吉、河井寛次郎、濱田庄司が晩年になって傑作を残しているのは、円熟でもありますが、いずれも七〇歳手前での新技法の開眼です。新境地を開いたのです。六〇歳だから、七〇歳だから、つまり歳だからできないというのは、理由になりません。こうした老いてからの開眼と言うのは、陶芸以外の世界にもずいぶん見られる事です。志を持続して、やり続けていると、きっとどこかに到達すると、彼らは教えてくれています。

無心

濱田庄司は、こう言っています。

《自分が作ったのか、窯が作ったのか、境目がないのです。だから自分の作品だとは心からいえないです》

濱田は、すべて委ねるという心境に至って、作品を〈生まれたもの〉と捉えなおすことが出来ていたのでしょう。

同じようなことを、最晩年の河井寛次郎が言います。

《制作に没頭しているときは、仕事も自分もない。仕事は仕事を吸い込み仕事を吐き出す。すると今度は仕事をしていることさえ分らない……おそらく信仰の世界にもそれがあると思う。拝んでいるのか、拝まれているのか分らない世界。神と自分、仕事と自分が対立しない世界、そういうことを日々体験していますという他力を実感しているふたりの、無心を説明する言葉と考えていいでしょう。

柳宗悦は、民芸について当初こう言いました。

《名も無き工人によって作られた下手のものに醜いものは甚だ少ない。そこには殆ど作為の傷がない。自然であり無心であり、健康であり自由である。工人の古作の美は「無心」「無想」の発する美で、意識の欲に煩はされず、自然の素直な受容から生れた》

そして、六九歳のとき『改めて民芸について』のなかでこう書きます。

《禅では〈平常心〉というが、ここに仏法の趣旨を見届けたい。達磨大師は、『無心論』を書いたといわれる。この無心と平常心とは、同じ心を別の言葉で示したものと見てよい。真宗的にいえば〈はからいなき心〉である。つまり〈如心〉である。未だ何ものにも染められていない本来の心である。つまり〈さわりなき心〉なのである。民芸を見る眼も、その〈さわりなき心〉の眼でなければならない。民芸趣味などに囚われたら、本当の民芸はもう見えなくなる。眼が不自由になるからだ》

柳は、無心無想の美を、さわりなき心の眼で見よ、と一貫して言っています。これは見方を変えると、我執に囚われ弾力性を失ったこわばる心を解放せよというのです。

我執を捨てる没我は、個性の否定ではなく、解放の道なのです。

しかし、欲望に引きずられる自分の心を、スイッチ一つで無心な状態に切り替えられないのが人間です。居ずまい正しくすることは難しいものです。無心に見ればいいとか、無心にやれとか言われても、本当の無心というのは大変なことです。わたしたちの心は千千にみだれて働いていています。無心と有心とは区別がつかないのが現実です。

ただし、少しずつ余計な物を取り除いていくことはできます。

熱中していて、ふと気付くと何も考えずにひたすら打ち込んでいる、ということは努力する過程にはよくあることです。その里程で、心にまとっていたモノがしだいに剥がれ、静かな境地に到っている自分に気づくことができます。一見単純な反覆作用でも、ひたすら集中しているると、やがて迷いが消えて、無心の境地を垣間見ます。

邪念はもとより、さまざまな想いを寄せ付けぬ位に没頭していると、気づくと、大宇宙にぽかりと浮いているような静かな心境に包まれて、周りが遠ざかって、自分が大きく感じられます。日常の瑣末よりも大宇宙の永遠性に近いところにいる自分を感じるのです。

無心とは、日常に縛られている自分が消える経験だとも言えるでしょう。

そしてその経験を客観的に俯瞰するなら、救われている、自由であるということになるのでしょう。

ひたすら打ち込んでいる優れた無心状態において、個人の浅慮などの及ばないサムシンググレイトの後押しを実感する瞬間があります。それこそが他力と呼べるもので、そうしたモノづくりの態度を、河井も濱田も伝えたかったのです。

花を見ても虫を見ても、この世に無駄なものは一つもない、すべてが真実で、いま目の前にあるモノこそリアルな今なのだ、これがこの世なのだ、そして天国なのだ。

神と自分が対立をしない、愛おしい一体感に包まれる、大肯定の瞬間です。

もうきょろきょろ不安がることもありません。過信せず、絶望もせず、心構えとしての如心に立ち、ひたすら対象と向き合って、自分自身をそのまま受け止めればいいのです。

大肯定の大きな安らぎは誰にも約束されていると、三人は背中で語ってくれています。

Ⅶ 利他的にせめて協同的に

利他的に生きた柳宗悦、河井寛次郎、濱田庄司

『白樺』同人、ブレイク研究家、宗教哲学者、美学者、日本民芸運動推進者など、マルチな顔をもった偉才柳宗悦。この柳の三〇歳から三五歳のあいだが、当時の植民地朝鮮にひき寄せられ、ふかく関わった時期であったということは、案外知られていません。

柳の没後二三年たった一九八四（昭和五九）年に、韓国政府より宝冠文化勲章が授与されましたが、その受賞の理由を知っている人間は、日韓双方ともに、次第に少なくなっていると思われます。

一九二二年に、柳宗悦が雑誌『改造』に発表した、七千三百余文字の一文が、朝鮮の世論を喚起し、それが当時の朝鮮総督府に響き、光化門が破壊撤去から救われた、という話を読んだのはずいぶん前でした。おなじころ私は、朝鮮民族美術館設立に全生活を投げうってとり組んだという柳の生きざまを知りました。

瑣末な日常にあくせくしていた私にそれは眩しく、現代人が見失ったどこか懐かしい、利他

的人間へのノスタルジーに似た感慨を柳に感じました。

光化門と朝鮮民族美術館は、青年柳のエネルギーを消耗させてしまう仕事でしたが、それに昼夜をささげた柳の行動には、現在のわれわれを逆照射するものがあると思っています。〈公〉より〈私〉が優先される現代日本にむけて、かつてこんな高潔な、生真面目な若者がいたことを、どうかして伝えられたらと思うわけです。

植民地朝鮮の歴史についてはいろいろな意見があることは承知しています。植民地の実態について、仔細に書き写したほうが、よりリアルになるのはわかっていますが、紙幅の関係でそれはできません。とはいえ、あの膨大な記録を、何事もなかったかのように消し去ることはできないと思います。

植民地というものは、どこの国が植民支配しようが、概ねそういうものだという声もあるかもしれません。確かに日本は有意義なこともやっていますが、私としては、資料を読めばよむほど、日本人がやったことのある部分は是認したくない気分に捕われました。

そうした植民地朝鮮にたいして、柳宗悦は、原稿用紙五百枚以上になる、タイトル数にして三〇余編の熱い論及をこころみています。その中で柳は、朝鮮の人々をさげすみ、苦しめて、しかもむりやり日本の国民にしようとしているのは間違いだと主張します。一直線でねばっこく、しかも読んでいるうちに静かに心が揺すられるような、人間いかにあるべきか、ということを突きつけてくる上質のアジテーションです。

柳には弱者を強者と同等に尊重し理解する博愛の視点が幼少時から育まれていました。まさにそれは資質としか言い得ない彼の美点です。それが植民地朝鮮へのまなざしとなってあふれ出たのです。

人間の脳に、志や理想を語る思考パターンが組みこまれているのは、神がそこに意味をこめたからだ。人の世が美しく光るのは、気高い理想を人間が思い描くからだ。こうした想いが、学生時代からの変わらぬ柳の信念でした。

一九一九（大正八）年五月、柳宗悦は読売新聞に五日間にわたって、原稿用紙二〇枚分の想いを綴りました。それが『朝鮮人を想う』という最初の朝鮮に関する柳の論述です。

《日本は、不幸にも刃をくわえ罵りを与えた。朝鮮の全民が骨身に感じるところは、かぎりない怨恨である、反抗である、憎悪である、分離である。人は愛の前に従順であるが、抑圧にたいしては頑強である。植民地の平和は、政策がうむのではない。われわれの心を、愛にきよめ、同情に温めるよりほかに道はない。

朝鮮の人びとよ、わたしは御身らの故国の芸術を愛し、人情を愛し、その歴史がなめた淋しい経験に、つきない同情をもつひとりである……わたしの国の識者のすべてが御身らを罵りまた御身らを苦しめることがあっても、かれらのなかにこの一文を草した者のいることを知ってほしい。われわれの国が正しい人道を踏んでいないという、明かな反省が、われわれのあいだにあることを知ってほしい》

こうして柳は、九〇年前、朝鮮を収奪の対象としてしか見ていなかった日本社会に向けて、支配する側の国民でありながら支配される側の痛みを感じて種々発言を繰返す、たった一人の男になっていくのです。当時、朝鮮を統治していた天皇直轄の朝鮮総督府の政治を公然と批判することは、日本人といえども恐ろしい処罰を覚悟してのことです。その柳の気迫を思わないわけにはいきません。

やがて柳宗悦は、朝鮮には数々の文化遺産がある、それを知ることで民族の誇りをとり戻して欲しい、と願います。朝鮮民族が文化遺産を知るきっかけを提供するために、朝鮮民族美術館の設立を決意していきます。

柳の偉業は、朝鮮王宮の正門である光化門を破壊撤去から救った一事に尽きるかのように言われていますが、私はそうは思っていません。何よりの柳の仕事は、一九二四年四月九日、粘りに粘って景福宮の緝敬堂《しゅうけいどう》に開設した朝鮮民族美術館だと思います。

開館の条件に朝鮮総督府は、民族の二文字を除くよう求めましたが、柳は頑として譲りませんでした。一青年が朝鮮総督府を口説き落として、民族の二文字をつけたまま朝鮮民族美術館を京城に開館させたのです。精魂を注いで収集した千点もの李朝のやきものを、朝鮮民族美術館に展示しました。実に、この取組みこそが、『白樺』でも日本民芸運動でもなく、柳にとってはエネルギーを消耗しつくした仕事になったのです。

収集のために自分のお金をはきだし、寄付をよびかけ、アルト歌手であった妻兼子のリサイタルの収益金も注ぎこみ、ただ一心に当時の朝鮮のために遣っていきました。

ふつう仕事といえば、お金儲けという意味ですが、柳の場合は違います。金を稼ぐのでなくてお金を持ち出すわけです。今ならあり得ないと言われそうな、稀有な取組みなのです。仕事といってもジョブとかビジネスではなく、ワークのイメージでしょうか。

三〇歳代前半の柳宗悦は、金のために働いたのではなく、朝鮮民衆のために働きました。たのまれもしないのに、一方的に朝鮮の人を幸せにしたいと願い、遮二無二とりくみました。わざわざ不利益を蒙るために努力するような行為でした。

将来の自分への利己的なリターンを期待していたわけではありません。今やらずにはいられない心で、自主的に艱難辛苦をえらび、精いっぱい努力して、けっしてあきらめることなく歩んだのです。

こうした実践から得た思索が、柳の後半生の、他力を旨とする宗教美学の形成に繋がったのは間違いないでしょう。柳宗悦の仏教への接近は、彼の朝鮮半島の利他的日々を抜きにしては語れません。

〈くらしが仕事　仕事がくらし〉と言っていた河井寛次郎は、生涯に焼いた作品が、一〇万点になると言われています。寛次郎は、なんのためにそんなに仕事ばかりするのかと聞かれて、「借りたものを返すためだよ」と答えたということです。

河井は、品物の代金をなかなか持ってこない人にでも催促をしない性格で、経済的に苦しい後輩には黙ってお金を援助するような人でした。それゆえに、あちこちにお金を貸しっぱなしにすることこそありましたが、他人に借りを作ったことなどない、大変生真面目な道徳家でした。その河井が、世間様に借りがあると考えるのです。

どんな借りか。それは自分を生かしてくれているすべてのものに感じている恩義です。特定の誰でもなく、自分をこの世に生かしてくれるものすべてに〈おかげ〉を感じ、それに対する感謝を、河井寛次郎は借りということばで表しました。

自分を取り巻くすべてに借りを返すためにせっせと仕事に励むのです。

これこそが、社会に協同して生きる極意かもしれません。

濱田庄司の八四年の生涯には、賛美こそあれ悪く言う言葉が見当たりません。

バーナード・リーチは、生涯の友濱田庄司に、こんな言葉を贈っています。

《濱田の人柄は正直で暖かみがあり、彼の目はものの本質を見通す賢さが備わっていて、鋭い。彼は、自分の限界や弱点が何であるか、だれよりもよく知っており、めったなことでは、自己欺瞞におちいるようなことはない》

柳宗悦はこう言います。

《濱田はつまらぬ道草をせぬ。そうして絶えず内省し反省して、自分を築き上げている。

濱田庄司は土台のしっかりした上に立つ丈夫な建築のようなものである。不安定であったり、無駄であったりする部分が甚だすくない。それでいて躊躇したり迷ったりもしない。自然の恵みに従い、尋常で無理のない仕事を目指した。環境も生活も思想も伝統も、ことごとくを作の土壌として、農夫のようにそれを耕し、整え、施肥し、そして作物を実らせた。陶法の達人濱田庄司は、人生の達人でもあった》

そんな濱田庄司が崩さなかった生活の流儀があります。客への応対です。

昭和二九年に、益子の濱田邸を訪ねた白州正子が書いています。

《お話の間にも、殆ど名所見物みたいに、役人がお客をつれて来たり新聞記者が現われたり、いとまない有様です。しかし、浜由さんは誰に対しても、同じように穏かで、この方は怒ることがあるかしら、と思うくらいです。人に接する柔かさといい、のどかなモンペ姿といい、こんな幸福そうな人は、たまにしかいないように思われます。同じ静けさは、飾り気のない奥さんの表情の上にも現われていました。奥さんが仕合せに見えるのは、これ程うれしいことはありません》

濱田庄司は、私はただの陶工ですといつも謙虚で、威張るようなことはありませんでした。誰にでも同じように接しました。ですから濱田の門をくぐるともう分け隔てはなくて、気さくに接する濱田に、初対面の客でもが、何年も前からの知己であったような親近感を覚えたようです。だれもが認める人柄と、作務衣にくるまった丸みのある風貌と、辻説法のようにおもしろい会話に、みんな魅入られるのです。濱田にしてみれば、「自分が読み取った民芸美の妙諦を、何はともあれみんなに聞かせてあげたい」と願っていたのでしょう。

そのため、朝は五時半に起きて午前八時まで仕事、夜は八時から一二時までを仕事の時間にして、日中は一時間の昼寝以外はすべて来客の接遇にあてていました。

「濱田先生は、拒むことをなさらない。どのように忙しいときでも気持ちよく応対される」

「忙しい、困った困ったと言いながら、初対面でも旧知のごとく迎えてくれる」

評判が、評判を呼び、客を呼びました。

ことに濱田庄司が人間国宝に認定された六一歳（昭和三〇年）以降は、濱田詣でのように、毎日がおすなおすなの客であったということです。接待する家族も大変でした。お手伝や、弟子などが家族と一緒になってもてなすのです。

「うちの先生は、大事なお客様にも私たちにも、同じように言葉を掛けてくれる」

これは、付近の農家から来ていたスタッフの、一様な濱田庄司評です。

しかし、作品を作る時間は必要です。夜の仕事がしばしば夜半をこえて未明になり、睡眠時間がけずられ、それが命を削っていきました。

おおきく構えて、おおきく動き、おおいに稼いで、おおいに食べ、よくしゃべり、おおきく費消した、おおらかなタフガイでした。しかし、もっと自重して来客をコントロールしていれば、九〇歳までも生きられる寿命があったのでは、と二男晋作の妻映子夫人は、私に瞳を陰らせました。客に対するこのような徹底した配慮には、河井寛次郎の借りを返す気持ちに通じるものがあることは、異論のないところでしょう。

さらに濱田庄司が、自分の社会還元として最後まで取り組んだのが、古民家の保存活用と、蒐集品の公開でした。

一九三一（昭和六）年から一九四二年にかけて、濱田庄司は近在の古い農家をつぎつぎ買い入れています。民芸美に通じる古格のある建物が壊されていくのが耐え難かったのです。二〇棟も移築し、実際の居宅や工房として使い、さながら古民家コレクションのような邸宅を作っていきます。

専任の大工が住込みで、邸内の家屋の補修維持にあたっていました。いくら稼いでいるとはいえ、一人の陶工の取り組みとしては莫大な経費のかかることでした。

「経費のことや、相続のことを考えるなら、こんな構えの屋敷は作らなかったでしょうね」

映子夫人は遠慮げに、苦い笑みをうかべます。

「父には、ひとつの屋敷の中で、鍛冶屋、木工、農業などすべてまかない、その中で作陶する夢があったんです」

田舎くらし、古い民家、大家族、人のぬくもり、無農薬野菜、旬の味。

七〇年以上前からスローライフを実践した濱田邸は、民芸なくらしのシンボルエリアのように訪問者を集めたのです。

濱田邸の再生古民家群のなかで、利他的濱田のシンボルといえるのが、今も公開されている、濱田コレクションがおさまった濱田庄司記念益子参考館でしょう。

濱田庄司の蒐集癖は、その購入数がけた外れでした。一九二九（昭和四）年にロンドンのパターソンズギャラリーで三度目の個展を成功させたとき、「展覧会の売り上げは、すぐに日本に送金しろ」と、富本、河井の両先輩が打電してきました。金があると骨董品や工芸品に使う濱田庄司の性格を見抜いてのことでした。

濱田的にいうと、見て負けたと思う品はもち帰ったのです。なぜ美しいのか、どこが美しいのか。その美しさの根っこを掘り当てるように繰返し見詰めるためです。そうした癖が生涯つづいたものですから、当然コレクションがあふれてきます。かなりの数を日本民芸館に寄贈していますが、それでも数えきれないほどの蒐集品が積み重なりました。

「旅にでるたびに何かしらいっぱい抱えて帰っていました。そして、どうだこの力強さは、安定した形は……なんて、父の解説を聞くとそれらが本当に良いモノに見えたものです」

コレクションの解説を聞いたのは、家族だけではありません。品々の深い声を、濱田は来客のだれかれなく丁寧に語り聞かせました。

その一方で、八〇歳をすぎた濱田のこんなつぶやきを、映子夫人は聞いたと言います。

「民芸が、すべて私の亜流になっている。私よりいいものを作っているならいいが、みなだめだ、見当が狂っている。どうにかしなきゃ、自分の責任だ」

後から来ている後輩たちの現状を憂えた末に、濱田が出した結論はこうでした。

「この家と、自分が勉強したコレクションをあわせて、美の根っこをしっかり勉強してもらう場所として提供したい」

そうして世を去る前の年、一九七七年に、自邸内に益子参考館を開設しました。八三歳になっていました。

せめて協同的に

民芸運動のことを、仲間同士が共感共鳴的な付き合いしていた暇人クラブ、と悪しざまに言う向きもあります。その言い方には、三人を中心とした交流の輪の多彩な顔ぶれを、妬む気配が浮いています。

もともとが英語が苦にならない三人でした。彼らは、軍国体制の昭和の時代にも、平気で西洋人と交流しています。ことに河井と濱田は、外国人の青年を弟子として何人も面倒を見ました。欧米の大公使や、外国博物館との交流も、戦前から続けています。国の違いはもとより、地位や年齢差などの壁は最初からなかったかのように、財界人とも貧乏学生とも自在に交わり、ユートピア的な交流を実践した三人です。

損得を考え、利己的に生きていたなら、そうはならなかったでしょう。三人は、持って生まれた良き心で、何が正しいかを自分に問いかけました。社会を自分の利益のために利用して生きる道より、自分を社会に役立てて生きる道を、自然と目指していました。

脳科学者によると、人間は誰かが喜ぶのがうれしい生き物として生まれてきているのだそうです。脳が、世のなかに貢献しながら生きることを、求めているというのです。

現代日本では、競争が煽られ、そのために自分さえよければ手段はえらばない、法律に触れなければ他人を踏み台にしてでも、と利己的に考える人が増えています。

その結果が、気がつけば貧困者が一六％もいる情けない日本です。

世の中がいつも澄んでいるとは限りません。二六〇〇年前に釈迦が抱いたのと同質の悩みが、時代ごとの衣装をまとって姿を変えながら、二一世紀のわれわれにもひた寄せています。釈迦の時代から、人々はこの世の不条理を嘆き続けてきました。どんな時代にも、濁った世の中をうらむ声があります。だが過去のどんな時代も、澄みきることはありませんでした。人間の歴史は、同じ悩みの繰り返しです。清き社会を夢見ても、社会も周囲も自動的に清く定まってくれません。澄みわたることはないのかもしれません。

では、世の中が澄んでいないから、自分が汚れるのは仕方ない、と考えていいのでしょうか。

三人は、そうは考えていないようです。

かれらの青春から壮年期にかけての日本は、政治的に重く暗い時代でした。そんな時空にあっても、利他的にせめて協同的に生きることで、魂を洗ったり磨いたりできるのを、誰かが喜ぶのがうれしい生き物である三人は、自覚していました。

利他的に、少なくとも協同的に生きなければ、どんどん汚れが自分に沈着して、志や理想が光を失い、著述や作陶どころではなくなることが分かっていたのでしょう。

また時代や周囲を嘆くだけでは自分を活かしきれないことも、かれらは知っていました。砂漠に生まれたから幸せで、北極に生まれたから不幸と言うことではありません。江戸時代でも現代でも、どこにいても、喜怒哀楽をかみしめて人は生きています。過酷な環境にも笑顔はあります。

こんな時代の日本に生まれたからと、運命のせいにするのは愚かなことです。泥地から蓮の花が咲くように、黒い大地から真っ白な大根が育つように、育て方や磨き方で自分が変わり、作品も生み出せる事を、三人は知っていました。

三人のスタートは、社会と協同して生きる、という青年らしい想いです。そうした想いが枯れることなく深く根をはり、志をささえ、大樹に育っていったのです。三本の巨樹の緑陰は、さまざまな命を潤し、次世代のあらたな果実を結ぶ力になっていきました。

もてなす心

「毎日濱田の厄介になっているが、みているると濱田の毎日は客のためにあるようだ……濱田が自分のために使う昼間の時間は皆無だ……それなのにあの作品の多さ……」

一九七三年、一一度目の来日を楽しんでいたリーチが、ある日もらした言葉です。

客が濱田邸を辞するときは、和枝夫人と二人、門のまえに出て、いつまでも手を振って送りました。それは相手の肩書など関係のない、見ている誰にでもわかる、公平で真心にあふれた自然なふる舞いでした。

「昼間の客との話は、自分のビタミン剤みたいなものだ」

濱田は、それを鬼籍に入るまで変えようとしなかったのです。

来客のあいまに作陶し、柳、河井の亡きあと、民芸運動リーダーとして内外への指導旅行をやめず、そして蒐集活動もしていました。

夜更けて工房に坐ると、濱田は素焼きの品をじっと見据え、やがて筆を持ちあげ、筆が宙から空に動いたと見えた一刹那、作品にはあざやかな文様が残されました。何かに身をあずけたかのように作業をこなす濱田の姿は、超人のように周囲の眼には映りました。

《このところ非常に忙しくて、ゆっくりと思案する暇はありません。けれども忙しいことが時には良い結果をもたらすことがあります。筆が私の手の代りに絵付しているように感じることがしばしばあります。そして不思議なことに、失敗することがほとんどありません。何とおもしろいところに来てしまったことか、こんなところへ来ようとは全く予期していませんでした》

意識で仕事をしていては絶対に立てないような、不可思議な高みに達していたのです。

こうした状態を濱田は〈仕事が頭から手に下りてきた〉と述懐していますが、大いなる悟りの心境だったのではないでしょうか。

益子の里山での平明な時間の流れのなかで、むやみな欲も計算もない世界に、濱田は到達しました。人に怒った顔を見せたことがなかった、とあちこちに書き残されていることも、濱田が到達したその心境と無関係ではないでしょう。

濱田庄司の家に比べると、京都五条坂の河井寛次郎の家は、ずっと狭いものでした。それでも千客万来で、長女の須也子は、小さいころから玄関一杯の靴を綺麗にそろえるのが仕事のようだったと言います。

世俗にひき摺られない河井寛次郎のおかげで、血なまぐさい風聞からは結界のように遠く、不安な時勢下の昭和一〇年代でも、竹林の四阿《あずまや》のように人を誘ったようです。

食事どきには、居合わせた客も家族と一緒に大テーブルを囲みました。どんな客人も分けへだてがありません。大きい食卓には、寛次郎作の大皿や大鉢に盛りつけられた、妻の手料理がいつもたっぷりとならびます。豪勢というより豪快な食卓でした。

談論風発、一同に愉快さがどっとあふれます。

「うちの家内は、器をうまいこと使いますよ。鉢や皿が、使われて生き生きしてますじゃろ……家内は、器をじょうずに一人前にそだてる民芸の母ですな」

「……奥様が仕上げたこの皿は、たまらなくいいですな」

「よかったら、お持ち帰りください」

「いいんですか」

「ああ、喜ぶ方に使ってもらわなくっちゃねえ……」

寛次郎は、誉める方の魂胆も承知の上で、ついつい進呈したようです。

一時期は、展覧会で売るよりもそうして貰われていった品のほうが多かったのです。

河井が四〇歳手前から五〇歳にかけてのころ、年末には必ず自宅で大パーティを開きました。

一年間の仕事の一部を、陶房にところ狭しと並べ、お世話になった人たちに福引きでプレゼントするのです。その数量は、お愛想とか義理だての域を超えていたようです。

河井にしてみれば、自分のものを受取って喜ぶ知友の顔をみること自体が楽しみで、まわりに感謝し、周囲を喜ばせることは、河井寛次郎の人生観そのものでした。

寛次郎の世評が高まると、さすがに税務署の眼がきびしく、配る品も売れた物と見なし課税しはじめました。それで寛次郎のプレゼント癖は、我慢を余儀なくされました。

河井は、一九二九（昭和四）年、四〇歳の時に一度工房を作り替えています。窓に向いて据えてあったロクロの向きを、それまでとは逆にして置き変えました。自分が窓を背にし、あえて手許が暗くなるのを承知で、工房の入口に向いて座るようにしたのです。

これは、仕事をしながらでも来客に顔を向けて応対するための、寛次郎の配慮でした。世俗的な栄誉にはこころを奪われず、借りたものを返したいと生きた河井寛次郎が、制作に多忙な日常でも世間様に心を向けていた、もてなしの一端です。

みなさんは、土瓶や急須のウラやオモテについて、考えたことがあるでしょうか。土瓶や急須を使って客の前でお茶を注ぐ場面を想像してください。右利きの方が土瓶を持ちあげ、茶碗に注ぐという前提です。その時、客から見える方がオモテです。自分にみえている側がウラになります。

そこに描かれた絵付は、客に対するオモテ側に六割、ウラ側に四割と、客に面した方をよりおおく飾る手間で描かれているのです。もっとも、最近の印刷による絵付けではなく、いわゆる民芸品と言われる江戸時代に造られた、手書きの土瓶や急須の話です。

《自分の側を控え目にしているのは、先人が持っていたもてなしの心だ》

柳は、昔の工人たちのやさしい心くばりを、そこに読みとりました。そして柳は、この心くばりには大変うるさかったということです。

民芸と言うのは、心くばりの美しさを感じることかもしれません。自分よりも相手へ、あるいは周囲へ、ひいては社会に向けて、心をくばることを優先するくらしぶり。濱田庄司や河井寛次郎が実践した、こうした自分の仕事よりもてなしを優先する日常は、私よりも公共、公正、公益というような、みんなを優先することに通じています。世辞や自分への賛辞を気にするのではなく、周りから戴くありがとうの言葉や笑顔を、エネルギーとして生きる姿勢です。

柳宗悦が、植民地朝鮮に公憤を感じた心のうごきも、古い土瓶の絵付けにやさしい心くばりを読み取った柳の資質と大いに関係があると思われます。

若い時から、戦前戦中の息苦しい時代においてさえ、柳宗悦が日本政府にとった距離は、終始一貫しています。多くの知識人がその発言を軍国主義になびかせた時代に、ひとり柳宗悦は、戦争を肯定するような言葉を発することはありませんでした。柳は、美術品としての鎧とか刀とかに、目もくれませんでした。本当に美しいものは、戦争や暴力とは無縁の場所にあると信じて疑わなかった人間です。

柳宗悦に、こうした徹底した平和主義の一面があることを見過すことはできません。そしてそれは、手厚くて親切なもてなしを大切にする民芸の温かい美しさと、ことのほか結ばれています。

美を信じて真を知る

《昔の人は今の知的時代の人々よりも、心がずっと素直でしたから、眼に見えない浄土や天国の光景でも、教えられれば素直に受け取れたでしょうが、科学時代の今日、特に都会人は懐疑的になって、益々信心の場を失ってきました。しかし人類が科学によって心の安定や喜びを保証された証は、ほとんど見られません。その渇きを癒す一つの道として、美術館への注意が深まってきたのを感じます

二二歳で上梓した『科学と人生』で、〈科学は、人生の否定ではなく肯定の上に確立されなければならないし、そうするはずだ〉と書いた柳が、右のようなことを、亡くなる半年前の『美術館の自覚』という一文に記しています。

老いた柳宗悦が見ていたのは、戦後乱れていく日本の姿でした。心の平和を旨とする宗教が存在感を失っている時、いま再び、美の力を考えようと訴えるのです。視覚的に具体的に目前に感嘆する世界を見つめ得る美を通じて、人々は自分の心を清めたり深めたり平和にできる。美しい作を前にして誰も憎しみの念を起こしはしない、と言います。

《美術館は、美を介する平和の殿堂といってもよく、昔の寺院にも増して将来の文化に寄与するものが極めて大きい》

柳はそう言い残してこの世をさりました。

前にも書きましたが、美しいモノを身近くに置くということは、尊敬すべき先生や仲間と一緒に暮すようなものである。大した教えをささやいてくれるその美にあやかって、心の美しい人間にならなければならないし、自分を深める必要がある。恩返しにも、ちゃんとした仕事をしなければすまぬ。

三人は、それぞれの言葉で同じことを言っています。

三人が、仏と同じほどの悟りを得たかは仏に聞かなければ分からないことですが、凡百の人が知る以上の〈真〉を心に宿したことは間違いないでしょう。

私たちはなぜこの世に生を受けたのか。

その答えを全身で顕し、心の安定や生きる喜びを、三人ほど示す人は多くはありません。

濱田庄司は、八〇歳の時にこう言っています。

《私は、生涯の大変興味深い時期に到達したと思っています。仕事をしている限り、万事よい。仕事が最善です。仕事中は、諸問題はことごとく消え失せます。私がいつも好んで仕事場へ行き、夜中まで仕事を続ける理由は、それなのです》

大平安の境地です。そしてこれは、最晩年の河井寛次郎が言うのとおなじです。

《人に見られない喜び、誰にも知られない自由。自分の中に沈潜してゆく愉しさ》

《暇さえあれば仕事をさして貰っております。有難い世界に生かされているものです。まったく陽気ずくめの世界です。ほんとうにどうしたらよいかと思うくらいです》

実作者として、二人とも楽しくて仕方なかったのです。

だが、二人が何の苦労も知らずに、刻苦精励もすることなく、大平安の境地に行きついたかと言うと、そんな簡単な話ではありません。確かに河井も濱田も並はずれた天分がありました。しかし才能だけで幾百もの名品を生み出すことは無理です。自らの非凡な能力に執せず無限の他力にかしこまる精神が、二人をして大いなる平安と歓喜へ導いたのです。

河井寛次郎は、世を去るわずか数週間前にこう書きのこしました。

《あらゆるものから歓待を受けている吾等　この世へお客に招かれている吾等　見つくせない程のモノ　食べ切れないご馳走　このままが往生でなかったなら　寂光浄土なんか何処にあるだろう》

柳が、三人が届いた場所を総括するように、『美術館の自覚』で述べます。

《民芸品の特性を見守りますと、それが畢竟は自在な心の現れだという事に帰って参ります。自在な心とは、執着の繋縛から離れる事を意味します。執心がすべての苦や醜の根元だと致しますと、その執心の中軸をなす自己からの解放こそ、自在な心に即する所以になります。この自在心こそは、美の基礎となるのであります。かくしてこの自在さが、民芸美の安泰な基盤である事が分ります。しかも更に驚く事は、かかる美が民衆の間から生まれ、品物が民衆の実生活に届けられた事であります。この事は法然上人等が言葉を強めて説かれた凡夫成仏の思想に合致することになります。この真理が美の分野でも同じく行われている事を示すのです》

思想家であり宗教学者である柳宗悦の生涯は、民芸に出会う前からの宗教的真理を探求する縦糸に貫かれています。その縦糸に三人が読み解いた民芸美の自在さをおり込んで、美と信の結ばれた豊穣な世界を開示しました。

阿字の前で座禅を組むように、民芸という山脈に対して沈思し、日々呼吸を調え、呼吸を調えることで自分を調え、自分を調えることで周りを調え、自分を清め、自分を深め、心の美しい人間になろうとした三人が、力を合わせてたどりついた次元でした。

見事な連帯

柳、河井、濱田の、三本の大樹がつくる森の周縁には、人が集まってきました。民芸という森にできたネットワークは、その繋がりの多彩さ、顔ぶれの多様なことは際立っています。三人のネットワークを見てすぐに気付くのが、いろいろなジャンルの人間と友好を結んでいた事実です。三人それぞれの友人知友がしだいに重なり合い、つながりの度合いを濃くしていくのです。

たとえば柳宗悦の交友に目を向けると、『白樺』オリジナル同人の志賀直哉や武者小路実篤。植民地朝鮮との縁をもたらした浅川兄弟、さらに廉想渉《れんそうしょう》など朝鮮の人々。ウイリアム・ブレイクを教えたバーナード・リーチとその友富本憲吉。画家梅原龍三郎や彫刻家高田博厚《たかたひろあつ》。鈴木大拙《だいせつ》禅師などの宗教家、谷川徹三などの哲学者、寿岳文章《じゅがくぶんしょう》などの英文学者。民芸運動が展開された後は、棟方志功、芹沢銈介、そして財界人の大原孫三郎や山本為三郎などにも知友は広がりました。

柳は志賀や寿岳など書斎を好む人たちと付き合う一方で、河井、濱田はもとよりリーチや棟方などの実作者ともしっかり交友しています。こうした多系統の人脈の位相の違いから生じるエネルギーが、柳の思素の源であったと言えます。

現代なら、異業種交歓とか、組織横断とか、文系と理系の交流とかが連想されますが、そうした交友を生かせ得たのは、若い頃から三人が、社会に協同して生きることを旨として、来る人を拒まず、もてなしを忘れず生きてきた結果でした。

濱田は柳に添うように進みましたが、河井は民芸派と目されながら、還暦を過ぎてからは自らを準禁治産者と名乗り、独自な展開をすすめます。この不定形の時代と言われる河井のいわゆる第三期だけを見て、河井は民芸と決別したという見方もあります。

だが河井は、最後までゆるやかな連帯を解こうとはしていません。

出雲の多々納弘光が、昭和二二年夏、仲間五人で出西窯を起こしてから、間もなくのことです。多々納は、焼きあがった品を携えて、益子の濱田庄司のもとを訪れました。濱田からは、さんざん手厳しい指導がありました。そのやりとりの最後に、濱田がこう言ったということです。

「帰りに京都に寄って、飴玉を貰って帰りなさい」

多々納は島根への帰りみち、五条坂に立ち寄りました。緊張を隠さず河井の前に同じ作品を出しました。やがて河井は、ここが良いね、と部分ごとに指で示しはじめるのです。

多々納は、濱田の鞭のような指導と河井のほめる言葉とを共にかき抱いて、やる気を再び充填して、島根に帰って行ったということです。

三人が、各々役割を分担し、飴と鞭を時々に演じ分け、河井の第三期にも民芸運動は進みました。戦後各地に民芸協会がふえていき、年に一度の全国大会には、三人がそろって出席しています。戦前戦中の暗い時代を生き延びた民芸運動は、平和の戦後になって、いっそう拡大して行きました。

我々が目にする資料には、連帯が亀裂した証拠は微塵も残っていません。順に亡くなっていく晩年の過程においても、三人の友情は美しいままだったようです。

加齢とともに生きざまや考え方が、それぞれ違って当たり前の三人が、民芸という同じ出自を大切にしていたそのやり方に、目が止まります。

ゆるぎないチームには、理論家と実践者の変幻自在なパートナーシップが必要なのです。さらにそのチームには、常に仰ぎ見て己が現状を修正することができる、しっかりした理念が共有されなければいけないでしょう。

利己的で手段を選ばない生きざまの果てが、必ずしも人間の幸せを保証していない。そういったドラマや映画を誰でも目にしているでしょう。あれは映画だから、自分は別だと思うでしょうか。どんなやり方をしても、金と名誉をつかんだらそれで幸せになるはずだと思うでしょうか。良心の呵責はいつか消え去るものでしょうか。

鴨長明《かものちょうめい》は、それ三界はただ心ひとつなり、と価値基準の取り方一つで、世間は違ってくると言いました。そう言ってかれは遁世しましたが、凡人は心ひとつで易きに流れるのが常です。ゆるぎなく我が道を行くのは、結構気骨の折れることです。

人の道や、人の尊厳や、人の真実を、心の羅針盤でさぐり、心ひとつをどのように維持するか。離合集散が日常的な現代に、三人の連帯は、星座のように道を示しています。

五合枡と一升枡

河井寛次郎がこのようなことを言っています。

「例えば、このローソク立て、これは一つなんですが、もし此処に一〇人いたらそれは一〇個存在します。見る人それぞれによって価値が違うからです。見ると言うのは、我々は対象に対し自己表現をしていることです。人間は悉く理解と表現の主体です。あらゆるものは自分で表現していることになるのです。私たちは類似の世界に居ますが、一々違った独自の表現世界を持っています。すべては自分がつくっている世界です。したがって世界はその人の力だけの広さ、深さということになります」

だれでも、自分の世界を持って生きているというわけです。

しかも日常的には、自信を持って生きなければなりません。

しかし過信のあまりに、他人を理解しようとしなかったり、あるいは、自分は他人には理解できない、と自惚れたりしてはいないでしょうか。

うぬぼれは、自信があるのではなく、ただただにその人の世界が狭いのです。

五合枡と一升枡があるとして、五合枡にはそれ以上の世界はどうしても見えません。もし一升枡がそばに来たとして、その一升枡を理解しようと重なってみても、五合枡は一升枡にすっぽり包まれるだけで、やはり五合枡分しか見えてなく、一升枡はさらに五合分広い世界を有しているのです。

小さい世界しか持ち合わせていない人間には、大きい世界をもっている人間の全体は理解できません。ですから捨てばちに、五合枡は閉鎖的にうぬぼれて済ますのです。

これは、私が三人の一生を覗き見た実感としての、狭量な自分への自嘲です。

五合枡がいくら自惚れた自信で頑張っても、一升枡が動いておこすダイナミックな波風や、その結果としての喜怒哀楽の情感には、はるかに及びません。大きい世界をもっている人間は、同じ角度で動いても、同じ一歩を歩んでも、小さい世界しか持たない人間とは比べ物にならないほど、次元の違う手ごたえを手にしています。

人生は梵鐘のようなもので、叩き方で音が違うといいます。五合枡と一升枡では、同じ一挙一動でも、受ける手ごたえのレベルが格段に違うわけです。

手ごたえは、人間の生きている喜びと直結しています。同じ一生、喜びの大きいほうが良いのは自明です。器のおおきい友人や偉人の喜びと共振するためにも、世界観を広げる必要があります。こっちさえ変ってゆけば無限の世界が表現されるのです。

三本の大樹が、何に対してもきっとおもしろいに違いないと、常に枝をさらに広げて前進したように、決して退屈しないその眼差しをぜひとも参考にしたいものです。まだだ、まだまだだと、老いても硬直しない柔軟な心があればこその三大樹だったのです。

人生は自分で歩きます。どなたの人生も自分でしか歩けません。その時本当に頼りになるのは、どんな自分が見つかるか、と言いながら前進を止めない自分自身だと、三人は教えてくれています。

民芸の三人のリーダーの見事な人生を参考に、たとえ一合分なりとも、世界を広げたいものです。

Ⅷ　民芸なくらし

太陽は「太陽だ太陽だ」と言って輝かない

柳宗悦は、最晩年、『改めて民芸について』と『三度民芸について』を、遺言状のようにしたためています。亡くなる三年前から二年前にかけてこれらは書かれました。

《民芸という言葉によって一派を興した事にはなるが、お互に言葉の魔力に囚われてはならぬ。これに縛られては自由を失う。もともと見方の自由さが、民芸の美を認めさせた力ではないか。その自由を失っては、民芸さえ見失うに至るであろう》

《特に近頃は民芸という考が、とかくある型に固定化されて参りましたので、その危険をよく反省して、もっと自由な伸び伸びした見方をこそ育成したいと存じます》

民芸の森のまわりで起きていることがよほど気にかかっていたようです。

柳が再三案じたこうした硬直が、昭和三〇年頃になってたしかに目につくようになっていました。柳宗悦が戦前にいろいろと書き連ねた民芸美論を、金科玉条としてこだわる人々が、皮下脂肪のように固まって、民芸そのものを不自由に蝕みはじめていたのです。

また、運動が拡大した結果、ブーム現象で、民芸の矮小化や営利目的化が広がり、民芸が観光地の安っぽい土産モノになって、美とは程遠い存在になっていきます。

気がつくと民芸は当初の活力を失い、民芸の真意が誤認されている状況が、三人にまざまざと見えるようになっていました。そうした現状を柳は、〈民芸の内敵〉と呼びます。

さらに河井寛次郎や濱田庄司の作品が高価になって、民芸論を逸脱している、と批判が沸き起こります。より良いモノが高価な扱いをうける経済原則を認められない人々が、妙な言いがかりを加えていました。

作品の良し悪しで比較が生まれ、民芸作家たちの中でも高値をよぶ品が生まれてくるのは仕方のない成り行きなのですが、そうした現実が民芸美論を損なっていると、教条主義的な民芸愛好家たちが騒いだのです。日常使っている安ものの雑器の中に健康で明るい工芸美がある、と言っていたではないか。河井や濱田の品モノは高すぎる。安くないものは民芸ではない、という誹議でした。

安価な量産品という意味は、江戸時代に作られた壷や甕や鉢は誰でもが使っていた安価な量産品であったという、それだけのことです。ところが庶民の美にこだわる人たちが、河井や濱田の作家という存在に反発を強めていきます。過去の民芸美の共通点を、現代においても絶対的な民芸の条件だ、と捉えることからくる錯誤です。

高価になった結果については、河井や濱田の責任ではありません。

作る側から言えば、高価でも買いたいと思わせる品を産めない能力こそ問われるべきでしょう。創作という活動においては、同時代人はだれでも、同じ条件の材料を入手できます。同じ材料を用いながら、結果が個人によって大きく違うということは、どの創作場面においても見受けられることで、遍く本人個人の問題です。

三人が民衆的工芸の中に見つけた、生活に直結している美を、柳宗悦は天授のレトリックによって、三〇歳代後半から、躍起になって分かりやすく説き続けました。

ところが以下は、柳の亡くなる一〇カ月前の『作家の品と民芸品』という論述です。

《私は、ものの美しさを見ます時、有名とか無名とかの区別なく、ただ率直に見て参りました。それ故なにも民芸品だけに眼界を狭めてきたのではないのであります。そのため東京の民芸館には、有名な在銘の作をすら、稀には列べることがあります。

要するに、ものの美しさがいつも選択の中心点で、美しい限りは、何なりと自由に選びたい。民芸館は、美を民芸美にのみ限っているのではございません。それ故、見て下さる方々は、何も民芸品に美しいものの一切を極限していただく要はいささかもないのであります。もっと素直に、美しい品の一切を受け取る心を養っていただきたく存じます。その時にこそ民芸品の美しさがさらに明らかに見られるのだと存じます》

果敢に民芸美の優位性を強調していた柳宗悦にこんな風に言われると、河井や濱田の作品の高価さに怒った人でなくても、大方の人は面食らうのではないでしょうか。柳が言っていた当初の言葉はどうなるのか、と思って当然です。晩年に柳が説いた、美醜はないという〈無有好醜〉の話とともに、ちょっと待ってくださいと声をあげる人もいるでしょう。本来美醜はないと言いながら、美しいモノを選んで展示した、と言っていることに矛盾をあげつらう人も出るでしょう。

柳亡きあと、昭和三六年五月、民芸館を引き継いだ二代目館長の濱田庄司は言います。

《柳の民芸館を引き継ぐことになったが、品物ではなくて、そのもとになる民芸の心をお預かりしたと受け止めている。民芸館の根や幹は変わらないが、枝はいろいろ伸ばしてやりたい》

私は、その時点で六七歳になっていた濱田庄司が見定めた、〈もとになる民芸の心〉という概念に注目したいと考えています。

〈善い人々の無我無意識の間に行はれた創作〉と思った河井寛次郎と、〈健やかなくらしから美しいものが生まれる〉と考えた濱田庄司と、〈この世を美しい平和な世界にしていきたい〉と思っていた柳宗悦の心が重なり合って、民芸運動は動き出しました。

激動の昭和初期、雑器の山が民芸品と呼ばれはじめ、美的価値の共有化がすすむと、下手物は美しい品という意味を与えられました。市場原理がはたらき、昔の雑器だったモノが、高価な嗜好品に変貌してきます。

そうした流れをリードする一方で、三人は自らの深化を止めませんでした。自分に磨きをかけ、成長していく過程で、民芸品の共通項的特徴を止揚する実践が生まれてくるのです。三人が歳を重ねるにつれ、共通項的特徴そのものが主要問題ではなく、それらの品がなぜ美しいのかという、品がつくられた環境や工人のくらし、つまりモノの根っ子のほうが重要になってくるのです。

あえて強引に言うなら、民芸のスタート時の三人と、人格が熟成してきた後半の三人とでは、見えていた世界が違っているのではないかと思います。

それは〈無定形な世界に踏み込んだ〉河井寛次郎において顕著ですし、柳宗悦の〈本来美醜なし〉という大悟もそうです。濱田庄司のいう〈もとになる民芸の心〉という理解も同じでしょう。

おのおのが大樹に生い立つなかでも、お互いの止まない交流は続きました。当然影響しあう三人がいます。そうして、まさに撚りあうように、一本の巨樹になっていきます。民藝美術館設立趣意書を発表してから三〇年後の、三人が達した地点からみると、〈近頃は民芸という考がとかくある型に固定化されて参りました〉という危惧につながるのです。

三人が見た美しい下手物の共通点を言葉で括ると、用の美、量産性、安価性、無名性などにいたるのですが、それは江戸期の品々の点検結果です。無名の人々が大量生産する日常安く使える品々が、常に必ず民芸の心を湛えた美を持っている、とは三人とも言っていません。

三人が目指したことは、決して江戸時代の民芸品を復元しようとしたのではありません。雑器の美を分析し、民芸美の秘密を解き明かそうとしたのです。元気で健やかな雑器の美に近づき、同じレベルのモノを作りたいと思ったのです。

なぜなら、下手物たちの健康美がまばゆくて、人間的な肯定感に溢れていたからでした。三人は民芸を通して、生きている人間の輝きを見ていたのです。

健やかな命の輝きが発生する大本が、もとになる民芸の心といえるものです。

したがって初期の柳の、民芸美の共通項的特徴を説明している論述にこだわるのは、目的地を忘れて、移動手段である乗物や経路ばかりの議論をしているのに似ています。乗物に乗ることが、目標そのものではないのです。民芸運動の本当の狙いは、民芸という手段を使って人生をどう輝かすかにあります。

その目的を忘れて、乗物そのものにいつまでも拘泥していることは意味のないことです。

《民芸になりきったら「民芸」などという看板を一々掲げる要はあるまい。そんなものをぶら下げて歩くのは、未だ民芸になりきっていない証拠でもあろう。太陽は「太陽だ太陽だ」などといって輝きはしない。ただ太陽でよく、それ以上の附属物はいらない。民芸を何か特別なものと受取るのは、民芸を見届けての受取り方とはいえぬ》

未来への期待をこめて、柳宗悦は亡くなる二年前に民芸運動をそう締めくくりました。

下手物を前にして〈観じる〉ことを求めてきたのが民芸運動です。分かる人にはわかると言うのが民芸であり、逆に言うと、説明しきれないものが民芸にはあります。衷心で言葉を超えたものに共鳴したり、気づきを貰ったりするようなものが、民芸にはあるということです。だから具象をうんぬんするのではなく、エッセンス、スピリット、コンセプト、そうした〈もとになる民芸の心〉を感じなければいけません。

もとになる民芸の心を見つめ実践した三人の生きざまを学ばなければ、江戸時代の雑器にこんな特徴的な美しさがあったのだ、ということで終ってしまいます。

三人のくらし方をなぞり、個々の要素を自分の中で組み直しながら、美しい自分のくらし方を発見する。それこそが、現代における民芸の活かし方になるでしょう。

三国荘

私は、日本民芸館に並んでいる民芸品を見ていると、疲れないというか、飽きません。

それらはほほ笑んでいる地蔵さんのように、そこにあります。こちらの神経がピリピリするような攻撃的なゆさぶりはありません。時間が、つなぎ目を見せるようにゆったりと流れていきます。そうした日本民芸館の空気感が好きです。和風建築の館の風情と、並べてあるモノがあいまって醸し出す、こうしたトータルな雰囲気に、三人が民芸に見出したエッセンスは秘められているのではないかと考えています。

そうした、全体という観点で注目したいのが、三国荘です。

三国荘は、一九二八（昭和三）年三月から上野公園で開催された、昭和天皇の即位記念国産振興博覧会に、三人がパビリオンとして出展した民芸館の、後の名称です。

会期後にそのすべてを、三人の後援者であった経済人山本為三郎が買い取り、大阪三国《みくに》の山本邸内に移築されて三国荘と名付けられました。

パビリオン民芸館は、各地の民芸品を展示するだけでなく、それらを備えた住宅をまるごと提示する、民芸モデルハウスでした。前年暮から、柳・河井・濱田が各地を旅して、新製の民芸品を集めていきます。食器の類は、河井・濱田に富本憲吉が加わって、特別にやき上げました。

《和風でしかも現代の生活に適した中流向の小住宅を建築し、その中には生活に必要な一切の家具を取り揃えて一つの美の標準を見せようというのである。建坪三五坪、七部屋の瓦葺木造平屋で、柱や建具はすべて木目がはえる拭き漆塗りをほどこす》

こういうコンセプトで、つつましく堅実な家屋に、美しい家具調度をそなえて公開された民芸館は、三人にとっては、その二年前の一九二六年四月に発表した、日本民芸美術館設立趣意書の理念を、デモ展示する試みでもありました。

売店では、三人が日本各地で見出した伝統的産地の、現役の手工芸品を売りました。ほかに類のない展示施設だったため大人気になり、多くの観覧者を集めたのです。パビリオン民芸館は、全体を当時の新作民芸で整えたところに意味があります。当時の今へ向けて、建築、内装、調度品などすべてにわたって、これが自分たちの考えている民芸的なくらしだ、と展示して見せたのです。

東京駒場の柳邸や、京都五条坂の河井寛次郎記念館、濱田庄司記念益子参考館など、三人の旧居にも、日本民芸館に似た空気感があります。

それは、いまも遺漏なく、三人のくらし方のコンセプトを雰囲気として伝えています。日本民芸館や三人が残した住居にたたずむと、三人がいかに日々の空間構成に強い思いを持っていたかを感じます。建築様式、間取り、調度品、その配置など、しつらえの全体に細かく留意して、空気に色付けでもするかのようにトーンを調えています。私たちの無意識な日常が、時間と空間の無駄づかいのように思えるほどです。

《百年を経た木の家を改築すれば、さらに二百年保てる》

そう言っていた濱田は、古民家再生のさきがけでした。自然の木材を駆使し、伝統的で、簡素な実用性に富み、健全なたたずまいと無銘性をそなえた古民家は、民芸の諸要素がつまった極致だ、と濱田庄司は早くから読み解いていたのでしょう。

柳宗悦は、一九三五（昭和一〇）年、日本民芸館の建設が始まる直前、その敷地の真向かいに、自らのデザインによる自宅を新築しています。美とくらしを調和させた独自な居住空間を作り上げ、みごとに住みこなしている日常に友人知人を招きいれ、そこを拠点に、昭和一〇年代の日本社会に強く文化発信していきます。

「人間の心を文字にして組み立てた、哲学という塔がありますが、その塔がどんなに見事でも住むわけにはいかない。わしゃ、住める哲学、それが家なんやと思う。家というのは人生観だと思っとる。家というのは不思議な箱でね、人間の万象はこの箱から出てくる」

このようなことを言っていた河井寛次郎の居宅も、現在河井寛次郎記念館として公開されています。京都の町屋ですから決して豪壮ではありませんが、一歩踏み入るとすぐに河井のスタイルでしかない空間が包み込んでくれます。自らがデザインした自宅兼工房の、洗練された空間はさすがです。椅子やテーブル、タンスなどの家具や、棚や電灯の笠までもが河井のデザインによるもので、ここもまた河井解釈の民芸モデルハウスになっているのです。

三人は独自な空間に、お気に入りの品々を自在に配置し、昭和初期という時代における民芸の活用法を示しました。水甕を傘立てにし、木臼をテーブルや椅子に使うなど、モノが本来与えられていた使用目的から切り離して、新しい生活シーンで活かして見せました。

フレキシブルに発想し行動する三人は、当時のファッションリーダーだったともいえるでしょう。単に気に入りの家を調えたというだけではなく、家こそが思索や作品の生まれ出る環境となり、健やかなくらしを実践する場となり、多くの人々との深い交流が降り積もる場となっていくのです。

この三人の民芸モデルハウスを、ハウス展示場にたとえるならいわば別格の豪邸です。うまくいけばあなたも手に入れることになるかもしれませせが、今は見学だけにしましょう。それより、三国荘を見てください。と言っても、残念ながら三国荘は、写真と見取り図でしか見えません。（厳密に言うなら、戦火で失われたと言われてきた建物が現存していることが、一九九八年に、建築史家川島智生によって発見されています。しかし現在の持ち主の意向をくんで、詳細は伏せられています）でも私には、写真と図面で充分です。なぜなら学びたいのはその空気感だからです。

《工芸は常に家屋と結合されなければならない。元来建築は総合的工芸なのだ》

三人は、日常雑器は家屋とセットになって初めて生きた姿を見せると考えていました。そうした意図のもとに建てられた小住宅の三国荘。これにならい、みなさんも身近な親しみを感じられるのではないでしょうか。

写真で見る三国荘の外観はごく普通の家です。大都市の中心部は別にして、入手可能な延べ床面積です。そこに、自分が気に入った美しいモノを並べて、人生を見つめ、美に恥じない自分を磨き、人格の成熟を目指すのです。

《役にたたないもの、美しいと思わないものを家においてはならない》

一九世紀イギリスの思想家で、生活と芸術を一致させようと、アーツ&クラフツ運動を提唱した、モダンデザインの父とも言われるウィリアム・モリスが言っています。

昭和一二年、河井寛次郎の新居の完成祝いに、出雲の友が石灯篭を贈ろうとしました。申し出を受けた寛次郎は、灯篭は要らない、貰えるなら球体の石が欲しい、と一抱えもある石球を所望しました。それは今も河井寛次郎記念館の庭に、寛次郎を彷彿させる印象でころがっています。自分の感覚に合わないモノは身の回りに置きたくない寛次郎の心のあらわれです。

三人は、直観で美しいと観じたモノだけを身の回りに置き、くらしを整えました。健全で素朴で無心な美の背後に、江戸時代の工人の健やかなくらしぶりや、虚飾を排した正しい生活を直観し、学ぼうとしていたのです。

《美が民衆に交る時、そうしてそれが日常の友となる時、それを正しい時代であると誰が云ひ得ないであろう。私達は過去においてそれがあったことを示し、未来においてもあり得べきことを示すために、この日本民芸美術館の仕事を出発させる》

三人は、庶民生活と美が交わる新たな日本の到来を念頭に置いていました。健全で素朴で無心な美が民衆と交わった時代が過去にあったことを示し、そのような社会になることを願って、三国荘や日本民芸館を建設し、またそれぞれの居宅を作り上げていったのです。

三人の記念館や、各地の民芸館は、建物それ自体が展示品で、その中に美しい品が収められています。建物と展示品は調和的で、全体として一つだと気付いてくれるのを待っているようです。美しいものを身の回りにおく。それを収める空間にも気を配る。そこに暮らす自分の心も調えるということでしょう。

使うモノも、住んでいる空間も、心のありようも、毎日のくらしが民芸なのです。

三人の民芸はモノからはじまりましたが、行きついたのはモノの美しさを云々する域を超えて、くらしそのもの、つまり生きざまに至りました。三人にとって美を愛するということは、自分を美に負けない堂々とした人格に練磨することでした。美に恥じない自分自身となれるかどうか、美を考察しながら、自分を育てることにチャレンジしたわけです。

こうしたことを演繹的に考えていくと、健やかなくらしや、虚飾のない生活が涵養するのは、魂のこもったモラルを備えた人間とでもいうべき、人間らしさが内から輝いている人たちではないでしょうか。

今を生きる我々が、民芸に心を引かれるのは、こうした気高い人間らしさを訴えている民芸運動に、心の芯が共振するのを感じるからではないでしょうか。あるいはそういう魂のこもったモラルを備えた人間のぬくもりを、求めているからでしょう。

文明は、速く速く、もっともっと、と人類の欲望のまま進歩していますが、そうした時代であればあるほど、三人が実践し背中で語ったもろもろの言葉が、音高く響きます。

気高い人間らしさを維持する装置としての民芸運動は、ますます重要な意味をもってきています。いかに人間らしく、いかにすこやかに生命を燃やすか。民芸が提起されて百年後を生きる我々は、かれらのくらしをイメージしながら、貴重な時間と空間の無駄使いに決別するため、身の回りを調えてゆきたいものです。

河井寛次郎は言っています。

《自分であればある程、自分はひとりだ》

悪い誘惑や安易な道が、そこかしこから邪魔をしてきますが、そうしたものに負けずに孤独に耐えたものが、自分の山に登り、成熟の喜びを得ることができます。

三人のような住居を、誰もが持てるわけではありません。起きて半畳寝て一畳、ささやかに構えを作り、内側からの健やかなくらし、美しいくらしを実践できたらと願うものです。

様式か、概念か、もとになる心か

いま、民芸をめぐる情勢は百家争鳴です。

・民芸イコール手仕事という定理は、時代を超えて不変であり、民芸が現代生活と真に交わりうる唯一の方途は、自然素材を使い、手仕事を貫くことだ。

・民芸運動は、アンチ機械文明として始まっているのだから、機械的なものを否定するところに民芸の意味がある。

・機械的工芸品にしろ、手工芸品にしろ、われわれの日常生活に正しく奉仕し、健やかな用の美しさを示しているものを、現代での民芸と見なせばよい。

・作家が協会の指導的な立場に立つと、どうしても新作の議論に傾いていくから、作家でも批評家でもない、ただ民芸を愛する者たちには不満が残る。

代表的な意見を突きつめると、化学製品などをつかった新素材をどう見るか。どこまでなら機械を使った品を民芸と認めうるか。作る側と使う側の違いから起きる視点のずれをどうするか。そんなところに対立軸があるようです。

このほかに、けっして安くない新作民芸の価格の問題、個人作家の一点モノをどう評価するかなど、当初の民芸美のキーワードに対して、新作をどう位置付けていくのかの議論が続いています。

日本民芸館や各地の民芸館に並んでいる、先達が見出したまぎれもない民芸品は別にして、今を生きている我々にとっての新作民芸とはなにか、この判断の周辺で民芸が懊悩していると言えます。そしてその悩みは深く、ついには民芸運動あるいは民芸協会を、求める目的にあわせて分裂させてはどうか、という極端な意見も出る現状です。

太い丈夫な綱の元結がほどけて、千々に乱れたような状況に映ります。だれかジャッジのできるカリスマを求めて右往左往しているようにも映ります。

こうした現状を、柳宗悦、河井寛次郎、濱田庄司の負うべき科《とが》と言えるでしょうか。

仮に柳宗悦が生きていて、新しく運び込まれた品々を「これは民芸、だから民芸の部屋へ。これは違う、だから向こうの部屋へ」と、差し出された品を用意された二つの部屋に振り分けていったとして、それで民芸を愛する現代人は納得するのでしょうか。

おおむねの傾向を感覚として理解できたとしても、中には首をかしげるモノもありそうです。日用品でないモノも民芸の部屋に並ぶでしょうし、民芸品として区分された中に、下仕事を機械でやっている品が混ざっていて、民芸美の共通項的特徴にこだわる人からみれば合点がいかない可能性が大いにあります。

また、これは柳が仕分けたから民芸だ、と盲目的に納得している個々人を想像すると、何かノッペリとした、顔のない集団の姿しか浮かびません。

柳宗悦が認可したものが民芸品であるなら、それは単に柳様式にすぎないということになりますし、柳は、民芸だけが美ではない、と命終の前に断言しています。

何度も書きましたが、民芸は柳・河井・濱田の三人が見出し発展させたものです。柳一人の様式ではありません。だからこそ柳宗悦は、〈言葉にとらわれてはいけない、民芸という概念で判断してはいけない。良いものに対してもっと自由でなければいけない〉と、死の直前に再三書いたのです。

河井寛次郎は戦後、手仕事と機械を対立したものと考えず、機械は手の延長だという考えを次第に深めていきました。それをこんなふうに言っています。

「どんな道具でも、人に使われないで道具にはなれない。鋸は手と離れては鋸になれない。起重機、これも偉大な手です。ラジオなどは人間の新しい声帯です。鳥のように飛びたいと飛行機ができた。躰にくっついているから翼で、離れているから機械だと、そんな事は言うべきじゃない。機械と人間は同一組織体です……」

昭和二二年八月二五日、毎日新聞に『工業製品の美』という河井談話が掲載されました。

《考えて見ると工芸という世界は煮えきらぬ不明瞭な性格を持つ世界である。私はこの際工芸という言葉を排し、作家は美術にいくか工業にいくか、どちらかを選択すべきであろうと思う……美術家のみが美に関係しているのではない、工業もまた実にすばらしい美を生む。たとえば無意識に使われているガラスの醤油差しをみよう。適度の量をだす可愛い口、量を示す透明の効果……醤油差しをつくる機械は、人間を通じて作られた新しい我々の肉体に他ならない。この新しい肉体から美が生まれないと誰が言いうるか。我々が今日民芸と呼んでいる物には、美術的性格より工業的性格のほうが多いのである。工業は、将来さらに多くの美を生むであろう》

ここには、美を広く捉えようとしている河井がいます。

そのころの柳宗悦は、心を持たない機械では品物に美を宿せない、と言いつづけていました。

そうした柳に、ハッキリと抗する河井寛次郎の論述だったのです。

すべてを機械にまかせるのではない。心ゆたかな人間が、手足のごとく機械を使えば、美は後から追いかけてくる。寛次郎は、新時代の用の美があるはずだ、と工業の新時代を受けとめ、希望とともに応援する気持ちだったと思われます。

「なにもかもが手仕事で作られていた時代と違って、一般の生活民具は、手工業では無理になってきましたな。新しい材料が出てくると、新しい技術が生まれ、それまでの手仕事は美術に祀り上げられてしまう……手工業は、機械がひき継ぐでしょうね」

河井はこのように言いながら、自らは陶器の家の準禁治産者だと名乗り、自由な羽をひろげて、不定形の時代を工房の中で存分に楽しむのです。

そうした盟友河井寛次郎に、柳宗悦が影響をうけるのは自然のなりゆきです。

時代の変化のなかで、河井に歩み寄り、もう一段深く捉えなおそうとしたものが、昭和三四年一月の、〈太陽は「太陽だ太陽だ」などといって輝きはしない〉という柳の論述になったのです。

柳宗悦、河井寛次郎、濱田庄司の三人の間には、大海原で繰り広げられる海流のぶつかりあいのような、一見静かだがダイナミックな交流がありました。

民芸は、三人の総意ではじまり、迸り、三人が育て上げてきたものです。

今〈民芸〉を愛する多くの人は、こう言います。新作民芸には、心に響いてくる自然な美の輝きがなければいけないいし、健やかな人間の手のぬくもりが感じられるようなものでなければいけない。けっして嫌らしくなく、清楚であって、シンプルな姿のなかに生命が躍っているモノでなければいけない。筆者も、モノはそうあって欲しいと願う一人です。

だがこうした現代民芸の公約数的言葉は、当初の民芸のキーワードとくらべると、かなり抽象的です。当初の共通項的特徴が雑器の山から割り出されたのに対し、新しい公約数的な要素は、いわば期待される民芸イメージとして語られるからでしょう。

作り手からはこんな意見があります。

民芸が現代生活と交わる唯一の途は、自然素材を使い、手で作ることを基本にした生産形態を貫くことである。これは普遍の定理だ。

こうした意見を正面から打ち消すつもりはありません。昔ながらの天然素材を使って手作りに励む姿勢を、むしろ心情としては応援したいのです。でも、疑問は消えません。

この定理を守れば、民芸運動は時代の変化の中で生き残れるのだろうか、という呟きのような自問です。

たとえばアンチ機械文明というテーゼについて、現代何をもって機械工芸というべきか、難しい点があります。陶芸における電動轆轤はどうなのか、土練機はどうなのか、攪拌機はどうなのか。木工における電動工具もしかりです。機械を否定すると、電力も使えなくなり、つまるところ原始的手工芸に戻るという非現実的な話になります。

今の時代、機械を一切使わない工人などいないのではないでしょうか。手作りの良さと言うのは、文字通り手で一から一〇までやるという謂いではありません。百年前と比べ社会が大変化した現代において、手仕事とは〈主に人の手が働き人の心が微細に関与しなければ出来ないモノ〉というくらいの意味で良いのではないでしょうか。

何割を機械に任せたかという数字の問題でもなく、大事なのは、モノが手作り品として人の心を打つか否かです。

素材面でも、化学繊維や合成物質が次々に開発され、大量の日用品に成形されて流通しています。さらに言えば、まさにコンピューター時代です。コンピューターが機械を設計し、機械が機械を製造し、人の手よりも早くて正確な機能を持った産業ロボットが誕生しています。こうして、電化製品や自家用車が、どんどん大量生産されています。

作っているのは無名の労働者で、分業です。値は張りますがほぼ誰でも買えて、一般消費者が日常生活でごく当たり前に使っているモノが、つまり三人が一世紀前に見出したキーワードを多く持った文明品が、機械工業から排出されているのが現代です。

そしてそれらは、美しい機能美をそなえて、新たな愛好者を生んでいます。車に用の美を感じている人もいるでしょう。愛用のパソコンや、自分が使いこんだカメラにぬくもり感じる人もいるのです。

倉敷紡績を作り大原美術館を創設した大原孫三郎を父に持ち、孫三郎亡き後父以上に日本民芸運動を支援していた大原総一郎は、戦後間もなくビニロン製造の工業化に着手して、倉敷レイヨン（現クラレ）を立ち上げました。大原は、宣言しました。

《ビニロンは、本質的に現代の民芸でありたいと思う。現代の民芸とは、怠惰な浪費的な生活に対する工芸品ではなく、建設的、生産的な生活に対する工芸品、目的自体に生活の真実があるような工芸品だ》

これほど時代が進んでしまった今、江戸の昔に戻って制作と消費を続けたいと言っても、叶わぬ願いです。機械＝非民芸、と図式的に考えてしまいがちですが、現代民芸を機械や素材との関係で語るより、三人がＩＴ時代の現代を今生きているなら、どのような言い方で現代生活と民芸を捉えるか、と考えるべきでしょう。

まして今後は、コンピューターどころか、人型ロボットが生活に入り込んできます。

仮に二二世紀の世界から現代を見ることができたら、案外現代の工業製品も、〈目的自体に生活の真実があるような〉日用品として、二一世紀のくらしを健やかに守った品々と見えるかもしれません。

このようなことから、現代の民芸においては、江戸時代に作られた雑器の共通項的特徴が絶対的な主眼ではなくなったと捉えたいのです。それより民芸はいま、魂のこもったモラルを備えた人間としての人間力が、工人にも、使う側にも問われていると考えます。

各地の民芸館などで昔の手仕事のモノを見ていると、確かにぬくもりがあります。三人が感受した民芸の健やかな美という特徴を我々も感じることができます。そのモノを作った作り手の息吹が感じられるからです。

命を燃やして生きていた作者がモノを通して語りかけてくるからです。

良いモノというのは、そうした強い発信力があります。

とは言っても、見ている百人が百人とも、発信されるものを感受し、背後の作り手と真情を交感していることはありません。モノのぬくもりや健やかな美は、感じている心にしか存在しません。河井寛次郎にならって言うと、ぬくもりは感じている自分の心にあるのです。感じない心に、ぬくもりや健やかな美はありません。

健やかな美しさを体得している作者の人間力が、手を通してモノに現れた時、ぬくもりが伝わるのでしょう。命を燃やしている作り手の心を感じる人間としての自分がいる、感じさせてくれるモノがある。手作りとぬくもりとは、そういう関係です。

紙幅の関係でこれ以上並べて書きませんが、三人が発見した当初の民芸のキーワードを、その言葉通り現代に生かそうとすると、作る立場も使う立場も、今のような郷愁ただよう迷いにつかまってしまいます。

私たちは、柳が言い残したように、民芸を概念で論じてはいけないし、様式に拘ってはいけないのです。

《実際工芸の歴史を顧み、それが偉大であった時代を見直す時、いかに倫理性や宗教性がその偉大さを樹立させた基礎であったかを想いみないわけにゆかぬ》

柳宗悦の右の言葉は十分な含意をひめて迫ります。

脳梗塞で斃れ一時は生死の程も分からぬ事情にあった柳が、奇跡的に回復し、昭和三三年六月に書いています。

《民芸運動の一つの特色は、ある意味で精神運動でもあって、この事はやがて一つの著しい旗色となるであろう。吾々は民芸論に囚われる事を戒めているのである》

新時代を間口広く構えて受け止めようとした河井同様、柳もまた民芸運動の未来を、民芸的精神を柱に見通そうとしていました。

さらにその一年半後の昭和三四年一〇月、瞑する一四ヶ月前ですが、柳は次のように語りました。

《科学者が真理を中心とし、宗教家が神仏に凡ての想いや行いを集める如く、吾々は美しい物を慕い、美しさで心を浄め温め、自らもその美しさにあやかるくらしを致すようにすべきです。最も注意したい点は、民芸を知識であげつらう事で、議論が先に立ちますと、心の悦びはどこかへ消え去り、議論の戦いに心を奪はれることになる恐れがあります。民芸運動と呼ばれるものを、美による平和への動きの一つに致したいと存じます。美しい品を媒介とし、その素直な尋常な美しさを通して、互が互いに近づき合い、共に悦びあえる

幸福への道を開く事でありまして、これを具現する事が、民芸運動の一特質であるということを、互に了得し合ひたいと存じます》

正しい生活のありようを求めた倫理性や宗教性を伴う精神運動が、未来的な民芸なのだと確言していたと見ていいでしょう。

新しい時代を、美しい精神で美しく暮らす、民芸なくらしです。

〈了〉

おわりに

私たちは、釈迦の時代から覚めたる先達が節々で苦慮してきた〈我欲〉のことについて、いままた考えるときに来ているのではないでしょうか。

途切れなく生まれ、途切れなく死んでいく人間を、人類誕生以来串刺しにしているのは、〈憂き世〉と〈人間の善き心〉の葛藤という普遍のテーマです。

シニカルにいうなら、釈迦と同質の問題を抱えているからこその人間だ、とも言えます。

いま私たちを取り巻いている混乱は、政治や経済のかじ取りを改善しさえすれば済むという話でもなさそうで、もっと根の深い、善き心が消えてゆく、人間瓦解の前兆と捉えるべきなのかもしれません。

現代は、圧倒的に金銭が幅を利かす時代です。銭金にならないものの存在感は急激に減少しました。しかもいつの間にか、今だけ良ければいい、未来なんて関係ない、手段なんてどうでもいい、核発電の廃棄物が出ようと見えないところに隠せばいいのだ、と刹那的になってきました。

民芸運動もその文脈の中で衰退していると見えなくもありません。

社会が、欲望という片輪だけで動くと、混乱が起き、物欲だけに偏って走っていると、抜き差しならない病んだ世界に迷い込みます。

柳宗悦、河井寛次郎、濱田庄司の三人は、彼らから遡ること二、三百年前の下手物を見詰めて〈民芸の心〉を読み解きました。三人のように過去の数百年を眺め、出来るなら未来の数百年を一本の時空間の帯として捉え、その中で自分は今何をすべきかを考えることができればと願うものです。

いま一度、日本民芸館が設立された時の宣言文を記しておきます。

《私達は健康な美、尋常な美の価値を重く見たい。美しさにもいろいろあろうが、私たちはその中で健康な美を固くまもろうと思う》

本書刊行に際し、粘り強く御指導を賜った社会評論社の松田健二社長に、心からの感謝を述べさせていただきます。

参考文献

『あたらしい教科書　民芸』プチグラパブリッシング　濱田琢司
『足立美術館陶芸名品選　河井寛次郎』足立美術館
『イギリス工芸運動と濱田庄司展図録』イギリス工芸運動と濱田庄司展実行委員会
『画信雁信抄』川勝堅一（亦楽窓）平凡社
『窯ぐれ乃記』里文出版　瀧田項一
『窯にまかせて』日本経済新聞社　濱田庄司
『河井寛次郎作品集』京都国立近代美術館編
『河井寛次郎の宇宙』講談社カルチャーブックス
『昨日在庵今日不在』下野新聞社　瀧田項一
『近代の陶工・富本憲吉』ふたばらいふ新書　辻本勇
『心に残る人々』講談社文芸文庫　白州正子
『サヨナラ、民芸。こんにちは、民芸。』里文出版
『生活と芸術　アーツ&クラフツ展　図録』朝日新聞社
『１３００℃の歓喜』里文出版　丸山茂樹

『青春轆轤』　里文出版　丸山茂樹
『青春の柳宗悦』社会評論社　丸山茂樹
『生誕一二〇年　富本憲吉展　図録』朝日新聞社
『生誕一二〇年　河井寛次郎展　図録』毎日新聞社
『生誕一二〇年記念　歓喜の人河井寛次郎展　図録』和鋼博物館
『大正デモクラシー』岩波新書　成田龍一
『蝶が飛ぶ葉っぱが飛ぶ』講談社文芸文庫　河井寛次郎
『朝鮮を想う』　筑摩叢書　柳宗悦（高崎宗司編）
『東京民芸協会の五〇年』　東京民芸協会　宇賀田達雄
『東京民芸たより』　東京民芸協会
『陶芸・手わざの思考　浜田庄司展　図録』㈶大原美術館など
『陶工　河井寛次郎』　朝日新聞社　橋本喜三
『日本の焼きもの　現代の巨匠　4』　講談社　乾由明
『日本の焼きもの　現代の巨匠　7』　講談社　水尾比呂志
『日本の焼きもの　現代の巨匠11』　講談社　河北倫明
『浜田庄司　目と手』　朝日新聞社
『濱田庄司』　講談社カルチャーブックス　水尾比呂志

『火の誓い』講談社文芸文庫　河井寛次郎
『白夜の大岩壁に挑む』ＮＨＫ出版　ＮＨＫ取材班
『評伝　柳宗悦』筑摩書房　水尾比呂志
『不忘の記』青幻舎　河井須也子
『毎日新聞』マイクロフィルム
『民芸運動と地域文化』思文閣出版　濱田琢司
『民芸とは何か』柳宗悦
『〈民芸〉のレッスン』フィルムアート社　鞍田崇他
『民芸四十年』岩波文庫　柳宗悦
『無盡蔵』朝日新聞社　濱田庄司
『柳宗悦と民芸の現在』吉川弘文館　松井健
『柳宗理　エッセイ』平凡社　柳宗理
『炉辺歓語』東峰書房　河井寛次郎
『国華　１３０７号』
『月刊　民芸』日本民芸協会　35・39・42・72・159・222・301・302・303・319・321・357・380・394・395・396・397・398・408・408・409・419・420・421・423・428・429・432・

［著者紹介］
丸山茂樹（まるやま・しげき）
1948年　香川県東かがわ市に生まれる
1971年　㈱ラジオ関西入社
1995年　早朝生ワイド番組のプロデューサーとして阪神淡路大震災に遭遇。即時に緊急災害放送を立ち上げ、以後10年間、被災地と向き合った放送活動に従事する。在職中、民間放送連盟番組コンクールなどで受賞多数。
既著に伝記小説として『陶匠濱田庄司　青春轆轤』『青春の柳宗悦　失われんとする光化門のために』『美の行者河井寛次郎　1300℃の歓喜』がある。

SQ選書05
柳《やなぎ》　宗悦《むねよし》・河井寛次郎《かわいかんじろう》・濱田庄司《はまだしょうじ》の民芸《みんげい》なくらし

2015年11月25日　初版第1刷発行

著　者――丸山茂樹
装　幀――中野多恵子
発行人――松田健二
発行所――株式会社社会評論社
　　東京都文京区本郷2-3-10
　　電話：03-3814-3861　Fax：03-3818-2808
　　http://www.shahyo.com
印刷・製本――株式会社ミツワ